Pense comme un génie !

Récits inspirants de mathématiciens et de scientifiques

David E. McAdams

Copyright © 2025 David E. McAdams. Tous droits réservés. Aucune partie de ce document ne peut être copiée, stockée ou transmise, par quelque moyen que ce soit, sans l'autorisation écrite expresse du détenteur des droits.

Table des matières

Guide pour les parents..1
Les Explorateurs du Chaos : une équipe qui a osé s'émerveiller....7
Sir Isaac Newton – Penser l'ordinaire...8
Julia Robinson – La reine du « continue encore »........................10
Zénon d'Élée : Quand avoir tort peut être merveilleux.................12
Eudoxe de Cnide : L'importance de l'éducation...........................13
Al-Khwarizmi : Petit à petit, étape par étape................................14
Archimède de Syracuse : l'inventeur qui a rendu la vie meilleure 16
René Descartes : l'homme qui a mélangé les matières en maths..18
Pierre de Fermat : créateur de mystères mathématiques..............19
Maria Gaetana Agnesi : l'équilibriste du cerveau et du cœur........20
Jing Fang : la musique des maths et les maths de la Lune............22
Blaise Pascal : le garçon qui ne pouvait pas attendre pour
apprendre..24
Pierre and Marie Curie: The Power of Two Bright Sparks...........26
Albert Einstein : propulsé par la curiosité.....................................28
Jane Goodall : la femme qui est allée dans la jungle....................29
Wernher von Braun : le garçon qui rêvait de fusées.....................31
Chandrasekhara Venkata Raman : le scientifique qui mettait la
science avant tout..33
George Washington Carver : le scientifique qui partageait sa
lumière..34
Barbara McClintock : la chuchoteuse de maïs..............................36
Albert Schweitzer : l'homme qui prenait soin de tout (même de
lui-même !)...37
Léonard de Vinci : le scientifique qui griffonnait ses rêves..........39
Florence Nightingale : l'infirmière qui remarquait tout................41
Carl Sagan : le guetteur d'étoiles qui posait des questions
intelligentes...43
Galileo Galilei : le guetteur de ciel qui a ouvert son esprit...........45
Gregor Mendel : le patient cueilleur de pois.................................47
Rosalind Franklin : la partenaire qui résolvait les énigmes..........49
Richard Feynman : le grand expliqueur..50
Michael Faraday : l'étincelle de vérité..52
Johannes Kepler : le résolveur d'énigmes des planètes.................53
Nikola Tesla : l'homme qui rêvait en étincelles............................54
Chien-Shiung Wu : la scientifique qui n'a jamais abandonné.......56

Rachel Carson : la scientifique qui parlait au nom de la Terre......58
Alexander Fleming : le héros de la surprise moisie......60
Charles Darwin : l'explorateur qui n'avait pas peur de dire « Je ne sais pas »......62
Tycho Brahe : le mesureur d'étoiles extraordinaire......64
Dmitri Mendeleïev : maître de l'ordre dans un monde chimique chaotique......65
Sophie Germain : la femme qui a demandé « Pourquoi ? » encore et encore......68
Paul Erdős : l'homme qui aimait les nombres plus que le sommeil......70
Leonhard Euler : magicien des maths......72
James Clerk Maxwell : le maître des motifs cachés......74

Guide pour les parents

Récits inspirants de mathématiciens et de scientifiques et les vertus qu'ils transmettent

Ce livre est plus qu'un recueil d'histoires. C'est un jardin d'idées : chaque récit est une graine, chaque vertu, une pousse de possibilité. Quand nos enfants écoutent, s'émerveillent et imaginent, nous les aidons à grandir, non seulement en connaissance, mais aussi en caractère.

Chaque scientifique et chaque mathématicien de ces pages offre plus que du génie. Ils nous montrent comment vivre. Leurs esprits ont repoussé les limites du possible, mais ce sont leurs vertus qui les ont gardés ancrés : curiosité, patience, imagination, résilience, et bien d'autres encore. Ce ne sont pas seulement des traits de génie, ce sont les traits d'une vie bonne et pleine de sens.

Comment utiliser ce livre avec votre enfant

À la fin de chaque histoire, marquez une pause. Posez des questions comme :

- Qu'est-ce que cette personne a fait qui était difficile ?
- Qu'est-ce qui l'a aidée à continuer ?
- Quel genre de personne était-elle en train de devenir ?
- Comment pourrions-nous essayer de pratiquer cette vertu aujourd'hui ?

Ces histoires sont des points de départ. Laissez-les fleurir en conversations, en gribouillages, en projets de famille et en moments de réflexion. Les vertus poussent mieux quand on les vit ensemble.

Encouragez votre enfant à tenir un journal, à dessiner, à jouer des scènes ou à se fixer de petits objectifs inspirés par chaque histoire. Ce ne sont pas juste des « leçons ». Ce sont des occasions de bâtir une culture familiale qui honore la sagesse, l'émerveillement et le cœur.

Vertus à explorer et à pratiquer ensemble

Curiosité – Marie Curie

Elle posait des questions que personne n'avait encore pensé à poser.

À essayer : Faites des promenades de curiosité. Tenez un « journal des Pourquoi » en famille. Laissez votre enfant vous entendre vous poser des questions à voix haute.

Imagination – Nikola Tesla

Il rêvait de machines qui dansaient avec la foudre.

À essayer : Inventez des machines farfelues avec du carton. Racontez des histoires « Et si… ? » au moment du coucher.

Persévérance – Julia Robinson

Elle échouait souvent, mais continuait à essayer, encore et encore.

À essayer : Célébrez des « journées des erreurs ». Partagez des histoires de vos propres échecs. Faites de votre devise familiale : « Essaie encore, puis essaie encore mieux. »

Observation – Florence Nightingale

Elle remarquait des motifs qui ont sauvé des vies.

À essayer : Jouez à des jeux d'observation. Collectez des données à la maison : qui remet du papier toilette ? Qui nourrit le chat ?

Humilité – Charles Darwin

Il laissait les preuves transformer ses croyances.

À essayer : Dites « J'avais tort » à voix haute. Célébrez le courage de changer d'avis.

Précision – Tycho Brahe

Il a cartographié les étoiles, une note soigneuse à la fois.

À essayer : Faites de la pâtisserie ou du bricolage avec soin. Mesurez et émerveillez-vous. Entraînez-vous à faire une chose lentement et bien.

Éducation – Eudoxus of Cnidus

Il a appris tout ce qu'il pouvait, puis l'a partagé.

À essayer : Laissez votre enfant vous apprendre quelque chose de nouveau. Parlez de l'apprentissage comme d'un cadeau à partager.

Apprentissages précoces – Blaise Pascal

Il n'a pas attendu : il s'est émerveillé tôt et souvent.

À essayer : Demandez à votre enfant : « Qu'aimerais-tu apprendre maintenant ? » Puis explorez ce sujet ensemble.

Avoir tort peut être une bonne chose – Zeno of Elea

Ses erreurs ont déclenché des siècles de réflexion.

À essayer : Félicitez la pensée audacieuse de votre enfant, même quand elle est fausse. Demandez : « Quoi d'autre pourrait être vrai ? »

Esprit critique – Carl Sagan

Il a appris aux gens à poser des questions avec sagesse.

À essayer : Créez un « détecteur à balivernes » en famille. Regardez des pubs ou lisez des titres et demandez : « Où est le piège ? »

Découverte pas à pas – Muhammad ibn Musa al-Khwarizmi

Il a construit l'algèbre, étape après étape, idée après idée.

À essayer : Quand votre enfant apprend quelque chose, demandez : « Et après ? » Encouragez-le à empiler les idées.

Résilience – Chien-Shiung Wu

Elle s'est élevée au-dessus du rejet avec brillance et grâce.

À essayer : Quand la vie est dure, dites : « C'était difficile. Tu es vraiment resté(e) courageux(se). »

Souplesse d'esprit – Alexander Fleming

Il a remarqué la magie dans l'inattendu.

À essayer : Laissez les accidents devenir des aventures. Soyez ouverts à de nouvelles directions, même si ce n'était pas le plan.

Rendre la vie meilleure – Archimedes of Syracuse

Il a amélioré le monde, une invention à la fois.

À essayer : Demandez : « Qu'est-ce que nous pourrions rendre plus facile ou meilleur à la maison ? »

Organisation – Dmitri Mendeleev

Il a transformé des données éparpillées en tableau ordonné.

À essayer : Triez des chaussettes. Triez des coquillages. Tenez un tableau ou un carnet d'« idées bien rangées ».

S'émerveiller du quotidien – Isaac Newton

Il a demandé « Pourquoi ? » quand la pomme est tombée.

À essayer : Émerveillez-vous ensemble à voix haute. Pourquoi le grille-pain fait-il « pop » ? Pourquoi les nuages flottent-ils ?

Relier les idées – René Descartes

Il a mêlé algèbre et géométrie pour créer les graphiques.

À essayer : Demandez : « Comment ces deux idées fonctionnent-elles ensemble ? » Mélangez musique et maths, cuisine et chimie.

Communication – Richard Feynman

Il faisait de la science un jeu.

À essayer : Laissez votre enfant vous expliquer des idées. Célébrez la clarté. Amusez-vous à vous enseigner mutuellement des choses.

Et si… ? – Pierre de Fermat

Il a imaginé des problèmes de maths qui ont intrigué les esprits pendant des siècles.

À essayer : Quand votre enfant fait face à un problème, demandez : « Qu'est-ce que tu vas essayer ? »

Responsabilité – Rachel Carson

Elle a pris la défense du monde sauvage.

À essayer : Prenez soin de quelque chose de vivant. Demandez : « Qui, ou quoi, a besoin de notre aide aujourd'hui ? »

Équilibre de vie – Maria Gaetana Agnesi

Elle a trouvé du temps pour le service comme pour l'étude.

À essayer : Planifiez à la fois des moments d'apprentissage calme et des moments de service joyeux. Demandez : « Qui aurait besoin de ta gentillesse aujourd'hui ? »

Discipline – Johannes Kepler

Pendant des années, il a suivi les courbes du cosmos.

À essayer : Choisissez un projet au long cours et ajoutez-y un petit peu chaque jour. Célébrez le progrès plutôt que la perfection.

Ouverture d'esprit – Galileo Galilei

Il a regardé l'univers avec des yeux neufs, même quand cela lui a coûté cher.

À essayer : Accueillez les opinions différentes. Demandez : « Regardons encore. Quoi d'autre pourrait être vrai ? »

Exploration merveilleuse – The Chaos Cabal

Ils ont plongé dans l'inconnu et y ont trouvé une beauté cachée.

À essayer : Suivez les questions qui enthousiasment votre enfant. Laissez de la place à l'émerveillement le plus fou.

Mélanger les matières – Jing Fang

Il a uni les mathématiques et la musique pour créer l'harmonie.

À essayer : Cherchez des liens surprenants. De la géométrie dans le football, des motifs dans la musique, du rythme dans la poésie.

Dernière pensée pour les parents

Le génie n'est pas un éclair qui tombe du ciel. C'est une étincelle qui dure toute une vie. Elle vacille dans les questions posées au moment du coucher, dans les erreurs accueillies avec douceur, dans les cœurs qui osent s'émerveiller.

En lisant ces histoires et en réfléchissant aux vertus qu'elles portent, vous n'élevez pas seulement un enfant qui connaît la science. Vous aidez un penseur, un rêveur, un acteur à grandir. Un enfant qui apprend à vivre avec courage, joie et sagesse.

Laissez ces histoires être votre boussole. Que la vertu devienne l'aventure de votre famille.

Les Explorateurs du Chaos : une équipe qui a osé s'émerveiller

Il n'y a pas si longtemps, un groupe de penseurs curieux s'est réuni à l'université de Santa Clara, en Californie. Parmi eux se trouvait un jeune homme nommé Robert Shaw, qui ne portait pas de chapeau de magicien, mais avait clairement un cerveau de magicien.

Robert et ses amis ne cherchaient ni or ni cartes au trésor. Ils exploraient quelque chose de bien plus étrange : le chaos.

Illustration 1: Les Explorateurs du Chaos

Mais attends, c'est quoi, le chaos ? Juste une chambre en désordre ? Une coiffure complètement folle ? Non ! En science, le chaos, c'est quand quelque chose semble aléatoire et impossible à prévoir, mais qu'au fond... il y a un motif secret.

Robert Shaw et son groupe ne suivaient pas les chemins ordinaires. Pendant que d'autres scientifiques étudiaient des choses avec des réponses bien nettes, eux posaient des questions comme :

« Pourquoi la fumée s'enroule-t-elle en spirales ? »

« Pourquoi ne peut-on pas prédire la météo parfaitement ? »

« Peut-on trouver de l'ordre dans le désordre ? »

Ils ne savaient pas où leurs questions allaient les mener. Mais ça ne les arrêtait pas. Au contraire, c'est ce qui les enthousiasmait ! Ils pensaient que l'inconnu n'était pas quelque chose à craindre, mais quelque chose à explorer !

Ils se sont appelés eux-mêmes le Chaos Cabal. *Cabal*, c'est juste un mot compliqué pour dire un groupe de penseurs un peu secret. Ce cabal-là n'avait rien de sombre ou de mystérieux. Il brillait de curiosité. Ils fabriquaient des machines étranges, dessinaient des graphiques tourbillonnants et construisaient des modèles informatiques qui ressemblaient à des galaxies en train de danser !

Ils ont découvert que

- Un simple robinet qui goutte pouvait se comporter comme un solo de batterie.
- Une balle qui rebondit pouvait suivre un rythme secret.
- Même les battements du cœur, les planètes et la musique cachent des motifs à l'intérieur de ce qui semble être du désordre.

La plupart des gens aiment les réponses bien rangées. Pas le Chaos Cabal. Eux préféraient les questions sans carte, sans boussole, et sans garantie de trouver de l'or. Leurs esprits étaient comme des robots explorateurs de l'espace, roulant avec audace dans le grand inconnu.

Ils nous ont appris que, parfois, pour découvrir quelque chose d'incroyable, il faut accepter de dire :

« On ne sait pas encore. Allons le découvrir ! »

De Robert Shaw et de ses amis, nous pouvons apprendre qu'explorer l'inconnu, ce n'est pas effrayant, c'est excitant ! Que la science ne consiste pas seulement à résoudre des problèmes, mais aussi à s'étonner, à se perdre un peu, et à accueillir les surprises. Et que, même au cœur de la tempête la plus chaotique, il peut y avoir une belle danse, si l'on regarde d'assez près.

Alors, la prochaine fois que tu verras des gouttes de pluie courir sur une vitre ou des feuilles tournoyer dans le vent, rappelle-toi : tu es en train de regarder le chaos. Et peut-être bien que toi aussi… tu es prêt à explorer le chaos.

Sir Isaac Newton – Penser l'ordinaire

Sir Isaac Newton était un penseur. Mais pas du genre à ne réfléchir qu'à de grandes idées folles, comme des machines à voyager dans le temps ou des dragons faits de mathématiques (même qu'il aurait sans doute aimé ça). Non, Newton adorait réfléchir aux choses *ordinaires*, celles que tu vois tous les jours.

Comme le fait de tomber.

Comme sauter.

Comme des pommes qui se détachent des arbres.

Illustration 2: La pomme de Sir Isaac Newton

Comme… pourquoi ne flottons-nous pas simplement loin de la Terre comme des ballons ?

La plupart des gens ne se posent même pas la question. Ils disent juste : « Bien sûr qu'on reste par terre ! » puis retournent jouer ou manger leur sandwich.

Mais pas Newton. Lui, il s'arrêtait. Il fixait les choses. Il se *posait des questions*.

« Pourquoi est-ce que je reviens toujours vers le sol quand je saute ? »

« Pourquoi les pommes tombent-elles vers le bas, et pas sur le côté ou vers le haut ? »

« Quelle force invisible est en train de faire tout ça ? »

Cette force invisible s'appelle la gravité, et Sir Isaac Newton a aidé le monde entier à la comprendre.

Il existe une histoire célèbre qui raconte qu'un jour, une pomme serait tombée sur la tête de Newton. PAF ! Et c'est là, dit-on, qu'il aurait commencé à réfléchir à la gravité. Est-ce que cette histoire est vraie ? Peut-être pas. Mais elle montre à quel point Newton aimait réfléchir en profondeur à toutes ces choses qui ont l'air ennuyeuses au premier regard.

Quand il a commencé à étudier les maths difficiles, Newton était perdu. Vraiment perdu. Il a même failli abandonner. Mais un jour, tout s'est éclairé d'un coup ! Il a eu une sorte de révélation, un moment « Aha ! », et tout à coup, les maths ont pris sens.

À partir de là, Newton a utilisé les maths comme un superpouvoir pour explorer l'ordinaire et ouvrir les secrets de l'univers.

Alors, la prochaine fois que tu verras une pomme tomber, que tu sauteras et retomberas, ou même que tu trébucheras sur tes propres pieds, souris un peu. C'est le même monde auquel Newton pensait. Et il est rempli de mystères qui n'attendent que toi pour être remarqués.

Julia Robinson – La reine du « continue encore »

T'est-il déjà arrivé d'essayer encore et encore de faire quelque chose, rester en équilibre sur un pied, plier une grenouille en papier ou résoudre un casse-tête vraiment difficile, jusqu'à avoir l'impression que ça ne marche tout simplement pas ?

Eh bien, devine quoi ? Julia Robinson connaissait très bien ce sentiment. Elle était mathématicienne, une personne qui passe sa vie à résoudre des casse-tête de nombres super compliqués, et elle a passé des années à travailler sur des problèmes qui n'avaient pas envie d'être résolus.

Son amie Elizabeth Scott plaisantait en disant que l'emploi du temps de Julia ressemblait à ça :

Lundi – Essayer de démontrer un théorème

Mardi – Essayer de démontrer un théorème

Mercredi – Toujours en train d'essayer

Jeudi – Toujours en train d'essayer

Vendredi – Le théorème est… oups, FAUX !

Oui. Julia échouait souvent. Mais elle n'abandonnait pas. Ça s'appelle la persévérance : essayer, rater, puis essayer encore quand même.

Et elle était persévérante depuis qu'elle était enfant.

Julia est tombée très malade

Illustration 3: Julia Robinson en train d'essayer de démontrer un théorème

quand elle était petite. Si malade qu'elle a dû manquer deux années entières d'école. Mais au lieu de renoncer, elle a travaillé avec un professeur particulier seulement trois jours par semaine… et a rattrapé quatre niveaux de classe en un an ! C'est un peu comme monter quatre marches d'un coup pendant que tout le monde les monte une par une.

Plus tard, elle était la seule fille dans ses cours de maths et de sciences. À cette époque, beaucoup de gens pensaient que les filles ne devaient pas devenir scientifiques ou mathématiciennes. Mais Julia se fichait de ce qu'ils pensaient : elle aimait les maths et elle a continué quand même.

Tout le monde s'attendait à ce qu'elle devienne enseignante, parce que c'est ce que les filles étaient « censées » faire. Mais Julia avait d'autres projets. Elle est devenue une mathématicienne célèbre, non pas parce qu'elle était « la première femme » à faire quelque chose, mais parce qu'elle s'accrochait à des problèmes impossibles jusqu'à ce qu'ils ne soient plus impossibles.

Un jour, Julia a dit :

« Je préférerais qu'on se souvienne de moi… simplement pour les théorèmes que j'ai démontrés et les problèmes que j'ai résolus. »

C'est une manière un peu chic de dire : « Je ne veux pas un trophée parce que j'ai été la première fille à courir, je veux un trophée parce que j'ai fini la course ! »

Alors, la prochaine fois que quelque chose est difficile, pense à Julia. Continue d'essayer. Même si on est lundi, mardi, mercredi, jeudi… et même si on est vendredi et que la réponse est « non, toujours pas », car la persévérance, c'est ce qui transforme un « bof, raté » en « Eurêka ! J'ai trouvé ! »

Zénon d'Élée : Quand avoir tort peut être merveilleux

Il y a très, très longtemps, il y a environ 2 400 ans, vivait un philosophe appelé Zénon d'Élée. Il est né vers 490 avant notre ère et a étudié dans une ancienne école de pensée, dans une région qui fait aujourd'hui partie de l'Italie. À cette époque, on ne séparait pas le savoir en matières comme on le fait aujourd'hui. La philosophie, la science, la religion et les mathématiques étaient toutes mélangées dans un grand chaudron d'idées.

Illustration 4: Zénon d'Élée qui va toujours à moitié du chemin

Et maintenant, voici la partie amusante : Zénon a eu une idée qui s'est révélée fausse… mais fausse d'une façon très utile !

Zénon pensait que tout l'univers n'était qu'un seul grand ensemble, impossible à découper. Sa raison ? Il imaginait quelqu'un qui marche vers une ligne d'arrivée. D'abord, tu marches jusqu'à la moitié du chemin. Puis tu fais la moitié de ce qu'il reste. Puis la moitié de ce qui reste encore. Et ainsi de suite. Zénon disait que si on peut diviser l'espace à l'infini comme ça, tu n'atteindras jamais vraiment la fin. Donc, selon lui, l'univers devait être indivisible.

Eh bien, devine quoi ? Il avait tort. Aujourd'hui, nous savons qu'on peut découper le monde en tout petits morceaux, et que tu peux bel et bien arriver au bout de cette marche ! Mais l'erreur de Zénon a poussé les gens à réfléchir très profondément. Son idée de tout couper en morceaux de plus en plus petits a inspiré les mathématiciens plus tard à étudier les « infiniment petits », des parts qui se rapprochent de plus en plus de zéro.

Cette façon de penser a aidé à faire naître le calcul infinitésimal, un outil ultra puissant utilisé aujourd'hui en science, en ingénierie, pour les voyages spatiaux, et même pour créer des jeux vidéo !

Donc, même si Zénon ne voyait pas tout à fait juste, il a aidé le monde à faire un énorme bond en avant simplement en écrivant sur ses idées.

Parfois, avoir tort, c'est juste la première étape vers quelque chose d'extraordinaire.

Eudoxe de Cnide : L'importance de l'éducation

T'est-il déjà arrivé d'essayer de comprendre quelque chose… pour découvrir qu'en fait, quelqu'un avait déjà trouvé la réponse ? C'est pour ça qu'apprendre des autres est si important, surtout pour les scientifiques et les mathématiciens !

Eudoxe de Cnide a vécu il y a environ 2 400 ans, dans une région qui se trouve aujourd'hui en Turquie. Eudoxe était curieux et déterminé à apprendre tout ce qu'il pouvait. Il ne s'est pas contenté de lire un seul livre ou de suivre un seul cours : il est parti dans une vraie aventure d'apprentissage à travers plusieurs pays !

Illustration 5: Eudoxe qui marche jusqu'à Athènes chaque jour

D'abord, il a étudié les maths et la musique avec un maître nommé Archytas, dans ce qui est aujourd'hui l'Italie. Puis il est parti en Sicile pour apprendre la médecine auprès d'un médecin appelé Philiston. Mais il ne s'est pas arrêté là !

Chaque jour, il marchait de longs kilomètres juste pour étudier la philosophie et les mathématiques à Athènes, où enseignait le célèbre penseur Platon. Eudoxe était tellement pauvre qu'il devait vivre au port et marcher jusqu'à la ville chaque jour, mais cela ne le dérangeait pas. Il voulait apprendre auprès des meilleurs.

Plus tard, il est allé jusqu'en Égypte pour étudier l'astronomie avec les prêtres d'Héliopolis, qui étaient des experts des étoiles et des planètes. Après des années d'études, il est enfin rentré chez lui, à Cnide, et a construit son propre observatoire pour observer le ciel et écrire des livres afin de partager tout ce qu'il avait appris.

Parce qu'il avait tellement étudié, Eudoxe a pu enseigner à son tour, exactement comme ses professeurs l'avaient fait pour lui. Il a même aidé à résoudre un grand problème de maths ! Beaucoup de gens, à l'époque, pensaient que tous les nombres pouvaient s'écrire sous forme de fraction. Mais certains nombres, comme la racine carrée de deux, refusent de rentrer dans ce cadre. Eudoxe a inventé une nouvelle façon de penser les proportions, et cela a aidé les mathématiciens plus tard à mieux comprendre ces choses compliquées.

Eudoxe nous montre quelque chose de très important : Plus tu apprends, plus tu peux découvrir. Et quand tu apprends des autres, tu n'as pas besoin de repartir de zéro.

C'est pour cela qu'on dit que les scientifiques et les mathématiciens sont *« juchés sur les épaules de géants »*. Eudoxe a grimpé sur ces épaules en travaillant dur… puis il a aidé les autres à monter encore plus haut !

Al-Khwarizmi : Petit à petit, étape par étape

Il y a bien longtemps, dans la ville animée de Bagdad, vivait un homme qui adorait résoudre des problèmes. Il s'appelait Muhammad ibn Musa al-Khwarizmi (en persan : محمد بن موسى

(خوارزمی). C'est un très long nom, alors appelons-le simplement Al-Khwarizmi.

Al-Khwarizmi travaillait dans un endroit au nom presque magique : *la Maison de la Sagesse*. Imagine un immense bâtiment rempli de rouleaux, de cartes, d'instruments, et de certaines des personnes les plus brillantes du monde, toutes en train de partager leurs idées ! C'était un peu comme l'école la plus cool, la bibliothèque la plus incroyable et le labo de sciences le plus génial… tout en un.

Illustration 6: Al-Khwarizmi dans la Maison de la Sagesse

Al-Khwarizmi ne cherchait pas à tout faire d'un coup. Il croyait qu'on résout les problèmes petit à petit, étape par étape, jusqu'à trouver la réponse. Qu'il s'agisse de partager un terrain de manière juste ou de suivre le mouvement des étoiles, il avançait morceau par morceau.

Quand quelqu'un arrivait avec un problème de maths difficile, Al-Khwarizmi disait : « Découpons-le en étapes. » Il a écrit un livre très célèbre, *Al-Jabr*, dans lequel il montrait comment résoudre des équations, même quand on ne connaissait pas l'un des nombres ! Cette idée a fini par s'appeler l'algèbre, et elle est encore utilisée partout dans le monde aujourd'hui.

Il prenait un problème de maths tout brouillon et montrait comment équilibrer les deux côtés comme une balance. À son époque, il n'avait pas encore de jolis symboles comme « × » ou « + » : il écrivait tout en mots ! Mais il montrait quand même comment, petit à petit, n'importe quel problème pouvait être résolu.

Tu t'es déjà demandé d'où vient notre système de nombres ? Al-Khwarizmi a aidé à répandre l'usage des chiffres indo-arabes, les chiffres de 0 à 9 que nous utilisons tous les jours. Avant ça, en

Europe, beaucoup de gens utilisaient les chiffres romains comme X, V et L, beaucoup moins pratiques pour faire des calculs !

Grâce à lui, on a commencé à utiliser la valeur de position et le système décimal, ce qui a rendu l'addition, la soustraction et la division bien plus simples.

Al-Khwarizmi a aussi réalisé l'une des cartes du monde les plus précises de son époque. Il a écrit un livre de géographie qui listait l'emplacement de plus de 2 400 villes ! En utilisant les longitudes et latitudes, il a aidé les gens à mieux comprendre où ils se trouvaient sur le globe.

Il a corrigé des erreurs dans les cartes plus anciennes, comme celles de Ptolémée, et il a même contribué à réaliser une immense carte pour le dirigeant de l'époque, le calife al-Ma'mun. Étape par étape, ses mesures ont rendu la représentation du monde un peu plus exacte.

Il a aussi écrit sur la Lune, les planètes et les étoiles. Al-Khwarizmi a créé des tableaux pour montrer comment le Soleil et les planètes se déplacent, et il a aidé à concevoir des instruments comme l'astrolabe et le cadran solaire, pour lire l'heure grâce aux étoiles et au Soleil.

Al-Khwarizmi nous montre quelque chose d'important : tu n'as pas besoin de tout faire d'un seul coup.

Il n'a pas inventé l'algèbre en une journée. Il a étudié des idées plus anciennes venant d'Inde, de Perse et de Grèce. Puis il a ajouté sa propre compréhension, un pas à la fois. Parce qu'il a continué à apprendre et à partager, son travail a transformé les maths, les sciences et la cartographie pendant des siècles.

Même les plus grandes idées commencent petit.

Tout comme Al-Khwarizmi, toi aussi tu peux. avancer, *petit à petit, étape par étape.*

Archimède de Syracuse : l'inventeur qui a rendu la vie meilleure

Il y a très, très longtemps, en 287 av. J.-C., un garçon nommé Archimède est né dans une ville appelée Syracuse, sur l'île de

Sicile. La Sicile fait maintenant partie de l'Italie. Archimède aimait tellement les maths que, même quand il prenait son bain ou qu'on lui mettait des huiles sur la peau (oui, on faisait ça à l'époque), il dessinait des formes et des lignes sur sa peau ou dans la cendre de la cheminée. C'est à quel point il trouvait les maths amusantes !

Mais Archimède n'était pas seulement un rêveur, c'était un inventeur qui a changé le monde.

Illustration 7: Archimède et son rayon de la mort

Une de ses premières grandes idées était une machine appelée la vis d'Archimède. C'est comme un tube en spirale qui permet de faire monter l'eau vers le haut, et elle est encore utilisée aujourd'hui pour aider les agriculteurs à arroser leurs champs !

Quand sa ville a été attaquée, Archimède n'a pas fui, il a inventé ! Il a créé des machines incroyables pour défendre Syracuse, comme d'énormes griffes qui attrapaient les bateaux ennemis, les soulevaient dans les airs et les écrasaient contre les rochers. Il aurait même utilisé des miroirs pour réfléchir la lumière du Soleil et mettre le feu aux navires (du moins, c'est ce que raconte la légende !). Il ne faisait pas ça pour s'amuser, mais pour protéger sa maison.

Mais Archimède n'a pas seulement inventé des machines. Il a aussi rendu les maths plus simples et plus puissantes. Il a trouvé comment mesurer des formes courbes, comme les cercles et les sphères, en inventant des idées qui ont aidé d'autres grands mathématiciens, comme Sir Isaac Newton, des centaines d'années plus tard. Il a aussi découvert une façon de comprendre pourquoi les objets flottent dans l'eau. C'est pour ça que, quand tu sautes dans une piscine et que l'eau déborde, tu vois *le principe d'Archimède* en action !

Il a même inventé une méthode astucieuse pour compter des nombres super gigantesques. Si grands, disait-il, qu'on pourrait s'en servir pour compter tous les grains de sable de l'univers. Ça, c'est voir les choses en grand !

Même si Archimède pouvait déplacer des bateaux avec des poulies et effrayer des armées entières avec ses inventions, il pensait que les maths étaient la plus belle chose au monde. Quand il est mort, pendant une attaque romaine, il était encore en train de travailler sur un problème de maths.

Archimède nous a montré qu'avec de l'imagination et des maths, on peut changer le monde. Il croyait que même les idées les plus compliquées pouvaient rendre la vie meilleure, goutte par goutte, vis après vis, forme après forme.

Et toi, tu aimerais inventer quelque chose d'utile ? Qu'est-ce que tu construirais pour rendre la vie plus facile ou plus amusante ?

René Descartes : l'homme qui a mélangé les matières en maths

René Descartes était un penseur qui a vécu il y a longtemps. Il est né en 1596, en France. Quand il était enfant, il était souvent malade, alors on l'autorisait à rester au lit tard le matin. Même tout petit, il aimait réfléchir profondément à tout. Il travaillait dur à l'école et s'est passionné pour les mathématiques. Il les aimait parce qu'elles étaient claires, logiques et dignes de confiance.

Illustration 8: René Descartes dessinant un graphique

Plus tard, Descartes a voyagé dans toute l'Europe et a lu énormément de livres. Mais il trouvait que la plupart des matières étaient pleines de suppositions et de confusion. Seules les maths lui paraissaient vraiment solides. Alors, il a eu une grande idée : et si on utilisait les mathématiques pour comprendre le monde entier ?

Sa découverte la plus importante, c'est qu'il a réussi à combiner l'algèbre et la géométrie, deux domaines des maths qui, avant lui, n'avaient rien à voir ensemble. La géométrie parlait de formes et de lignes, tandis que l'algèbre utilisait des nombres et des équations. Descartes a remarqué que si on plaçait des nombres sur une grille (comme sur un graphique), on pouvait transformer une forme en équation, et une équation en forme !

Cette idée géniale a donné ce qu'on appelle aujourd'hui la géométrie cartésienne, qui porte son nom. C'est grâce à elle qu'on peut tracer des courbes et des droites sur du papier millimétré avec des équations comme $y = x + 2$. Grâce à lui, on peut mélanger les formes et l'algèbre d'une manière qui nous aide à concevoir des bâtiments, créer des jeux vidéo et même faire voler des fusées.

Même si Descartes a aussi étudié la philosophie et les sciences, le fait d'avoir marié l'algèbre et la géométrie est l'un de ses plus grands cadeaux au monde. Il a montré que différents types de maths pouvaient travailler ensemble, et cette découverte a permis aux mathématiques de grandir d'une façon vraiment extraordinaire.

Pierre de Fermat : créateur de mystères mathématiques

Dans le sud ensoleillé de la France vivait un avocat curieux nommé Pierre de Fermat. Le jour, il réglait des affaires juridiques à Toulouse. Mais la nuit… ah, la nuit, son esprit se promenait dans un royaume magique fait de nombres, de formes et d'énigmes terriblement fascinantes.

Fermat ne se contentait pas de résoudre des problèmes. Il en inventait de nouveaux ! Il n'écrivait pas toujours de longues explications ou de beaux articles bien rangés. À la place, il griffonnait des notes dans les marges de ses livres et envoyait des lettres à ses amis en disant des choses comme : « Voilà une énigme. Essaie de la résoudre ! »

Ces défis n'étaient pas seulement des problèmes de maths. C'étaient des graines, de petites questions qui allaient grandir et devenir d'immenses découvertes mathématiques, parfois des centaines d'années plus tard.

L'une de ces graines ? Son fameux et mystérieux "Dernier théorème de Fermat" :

Illustration 9: Pierre de Fermat écrivant dans la marge d'un livre

« *Il n'existe pas trois nombres entiers A, B et C qui vérifient l'équation $A^n + B^n = C^n$ pour un entier n supérieur à 2.* »

Il disait avoir une preuve… mais n'en a laissé aucune trace. Cette petite note a déclenché une chasse au trésor mathématique de 350 ans, qui a mené à la création de pans entiers des mathématiques avant d'être enfin prouvée par Andrew Wiles en 1994.

Fermat ne s'intéressait pas qu'aux grands théorèmes. Il a aussi joué un rôle important dans la naissance du calcul (le futur "calcul infinitésimal"), a exploré les probabilités avec Blaise Pascal (oui, *ce* Pascal-là), et s'est amusé avec la physique de la lumière en inventant le principe de Fermat : la lumière choisit toujours le chemin qui prend le moins de temps.

Mais son vrai pouvoir magique ? Fermat a montré au monde que poser une bonne question peut être encore plus puissant que de connaître une réponse. Ses énigmes tordues ont agacé, inspiré et émerveillé des générations de mathématiciens. Et, ce faisant, il nous a appris une des plus grandes vérités :

Une seule question, bien posée et pleine d'émerveillement, peut résonner à travers les siècles et inviter les esprits curieux à penser, explorer et découvrir l'inconnu.

Maria Gaetana Agnesi : l'équilibriste du cerveau et du cœur

À Milan, en Italie, en 1718, naît une petite fille appelée Maria Gaetana Agnesi, dans une maison pleine de musique, d'argent… et de plus de vingt frères et sœurs ! (Oui, oui, 21 enfants en tout !) Mais Maria n'était pas une enfant comme les autres. C'était un super cerveau en robe élégante.

À cinq ans, Maria parlait déjà italien et français. À onze ans, elle se débrouillait dans sept langues, comme un arc-en-ciel de mots vivant ! Son surnom ? « L'oratrice aux sept langues ». Elle pouvait parler plus vite et plus brillamment que les perroquets et les professeurs réunis.

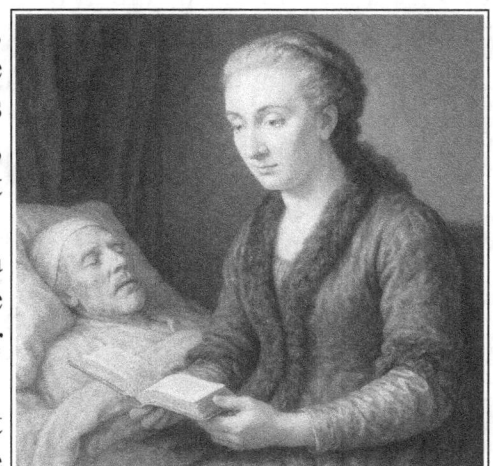
Illustration 10: Maria Gaetana Agnesi

Maria aimait tellement apprendre qu'elle a fini par tomber malade à force d'étudier. Les médecins lui ont dit d'aller danser et de faire du cheval. Mais tu crois vraiment que ça l'a empêchée de penser à des problèmes de maths en galopant ? Bien sûr que non !

Quand elle n'aidait pas ses nombreux frères et sœurs avec leurs devoirs, Maria plongeait dans le monde des nombres. À quatorze ans, elle lisait déjà des livres sur la balistique et la géométrie. (La plupart des gens ne découvraient même pas ces mots avant l'université !)

À quinze ans, son père organisait de grandes soirées où Maria impressionnait les hommes les plus savants de Milan avec son intelligence. Elle a défendu 190 grandes idées difficiles, un peu comme si elle gagnait 190 débats d'affilée.

Mais Maria ne voulait ni couronne ni château. Elle voulait aider les autres et servir Dieu. Alors elle a passé un marché : si on la laissait faire ses maths tranquillement à la maison, elle s'occuperait aussi des pauvres. Et elle a tenu parole. Chaque calcul qu'elle faisait s'accompagnait de gentillesse.

Maria a écrit un énorme livre de maths appelé *Instituzioni Analitiche*, un guide du calcul différentiel et intégral. C'est le genre de maths que les scientifiques utilisent encore aujourd'hui pour étudier tout, des fusées aux montagnes russes ! Son livre était tellement bon qu'elle a reçu des lettres d'admiration d'un pape, d'une reine, et de plein d'autres personnes importantes.

Il existe même une courbe mathématique au nom rigolo liée à son travail : la « Sorcière d'Agnesi ». Elle n'a rien de terrifiant : elle est juste élégante et maligne, comme l'esprit de Maria.

Plus tard, Maria a arrêté de publier des maths… pour publier de l'amour. Elle s'est consacrée aux malades, aux personnes âgées et aux sans-abri. Elle a donné ses biens, a même demandé des dons, et a fondé une maison pour les personnes âgées, où elle a vécu simplement, comme une humble religieuse.

Elle est morte en 1799, sans grandes richesses, mais riche d'un vrai sens de la vie.

Maria a montré au monde qu'on peut être à la fois très intelligent et très gentil, mathématicienne et humanitaire. Elle a prouvé que l'esprit et le cœur peuvent travailler ensemble, comme deux mains qui aident le monde.

Alors, la prochaine fois que tu équilibreras une équation de maths *ou* que tu aideras un ami, pense à Maria, la génie des nombres qui avait l'art de tout mettre en équilibre.

Jing Fang : la musique des maths et les maths de la Lune

Il y a bien longtemps, dans la Chine ancienne, il y a environ deux mille ans, vivait un homme nommé Jing Fang (京房) qui pensait que les nombres ne servaient pas seulement à compter les moutons : ils pouvaient aussi ouvrir les secrets de *la musique, des étoiles* et même de *la Lune* !

Jing Fang n'était pas un penseur comme les autres. C'était un maître dans l'art de mélanger les maths et la musique. Imagine un peu : calculer des notes comme si tu résolvais des énigmes ! En travaillant pour le Bureau de la Musique de l'empereur, il a découvert quelque chose de magique : si tu empiles 53 quintes parfaites (un écart spécial entre deux notes), tu arrives presque exactement à 31 octaves (la même note, mais de plus en plus aiguë). C'était incroyable, comme faire un grand cercle parfait et revenir pile à ton point de départ !

Illustration 11: Jing Fang, maths et musique

Pour y arriver, il utilisait de très grands nombres et des astuces de calcul, en divisant et en ajoutant encore et encore. C'était comme une recette musicale préparée avec des maths à la place de la farine et des œufs. Avec seulement environ six chiffres de précision, ses résultats étaient tellement proches de la perfection que l'oreille humaine ne pouvait même pas entendre la différence. Son travail a aidé les gens à comprendre l'accord des instruments d'une façon totalement nouvelle. Et tu sais quoi ? Il a fallu plus de 1 600 ans avant que quelqu'un en Europe rattrape cette idée !

Mais la musique n'était pas la seule chose qui intéressait Jing Fang. Il levait aussi les yeux vers le ciel et a remarqué quelque chose de vraiment génial à propos de la Lune : elle ne brille pas toute seule. Elle reflète la lumière du Soleil, comme un gigantesque miroir lumineux ! Il savait même que la Lune était ronde comme une balle, bien avant que beaucoup de gens ne l'acceptent.

Et ce n'est pas tout. Jing Fang était fasciné par un ancien livre de sagesse appelé le *Yijing* (aussi connu sous le nom de *I Ching*), rempli d'hexagrammes et de mystères. Il a utilisé les maths pour explorer ses motifs et même faire des prédictions à partir de ces schémas. On pourrait dire qu'il voyait les mathématiques comme une clé magique pour tout comprendre : le son, l'espace, le temps et le changement.

Malheureusement, la vie de Jing Fang s'est terminée de façon tragique, mais ses idées, elles, ont continué de voyager à travers les siècles, inspirant à la fois des scientifiques et des musiciens.

Alors, si tu aimes les nombres, la musique, les étoiles ou les mystères à résoudre, tu es déjà en train de danser au rythme de la chanson de Jing Fang.

Blaise Pascal : le garçon qui ne pouvait pas attendre pour apprendre

En France, dans une ville appelée Clermont, un petit garçon nommé Blaise Pascal est né le 19 juin 1623. Le monde ne le savait pas encore, mais ce garçon allait devenir l'un des esprits les plus brillants des maths, des sciences et de la philosophie... avant même d'avoir 40 ans !

Quand Blaise n'avait que trois ans, sa mère est morte, et son père Étienne s'est occupé de lui et de ses sœurs. Étienne avait des idées très fortes (et un peu bizarres !) sur l'éducation.

Illustration 12: Blaise Pascal montrant une démonstration à son père

Il a décidé que Blaise ne devait pas étudier les maths avant l'âge de 15 ans. Oui, tu as bien lu : *pas de maths autorisées !*

Mais Blaise était *curieux*. Il se demandait ce que les maths avaient de si puissant pour qu'on les lui cache. Alors, en secret, à 12 ans, il a commencé à en faire *tout seul*. Un jour, il a surpris son père en lui montrant une découverte : les angles d'un triangle s'additionnent toujours pour faire deux angles droits ! Étienne a été tellement impressionné qu'il a fini par céder et lui a donné un livre du grand mathématicien Euclide. Blaise venait d'ouvrir un coffre au trésor rempli de maths.

À 14 ans, Blaise a commencé à accompagner son père à des réunions à Paris, pleines de penseurs brillants. Imagine un ado qui passe ses soirées avec des maîtres en maths et des philosophes, au lieu de jouer à des jeux ! À 16 ans, il a ébloui le groupe avec quelque chose qu'on appelle *l'Hexagone Mystique de Pascal*, une forme géométrique pleine de secrets, venue d'un domaine des maths qu'on appelle la géométrie projective.

Quand la famille a déménagé à Rouen, Blaise a aidé son père à collecter les impôts. Mais gérer toutes les pièces, les livres, les sols et les deniers, ça faisait beaucoup de calculs compliqués. Alors Blaise a construit quelque chose de vraiment cool : une machine qui pouvait additionner et soustraire ! On l'a appelée la Pascaline, et elle ressemblait à une première version de la calculatrice. Il n'avait que 19 ans.

Mais Blaise ne s'est pas arrêté là. Il voulait comprendre pourquoi l'air et l'eau se comportent comme ils le font. Il a étudié la pression, prouvé que le vide pouvait exister, et s'est même disputé avec le célèbre philosophe René Descartes à propos de l'espace vide. (Descartes a dit que Pascal avait « trop de vide dans la tête ». Aïe !)

Puis sont arrivées d'autres découvertes. Il a compris comment les liquides appuient sur les objets (ce qu'on appelle aujourd'hui la loi de Pascal) et a étudié la forme des gouttes d'eau, les lignes courbes et les cercles qui tournent. Il a même travaillé avec un autre grand penseur, Pierre de Fermat, pour inventer la théorie des probabilités, les maths qui se cachent derrière les jeux, les paris et les chances.

Malheureusement, Blaise était souvent malade, mais il n'a jamais arrêté de réfléchir. Même au lit, il écrivait des lettres sur des jeux de dés et sur des énigmes de maths. Une nuit, après un grave accident de carrosse, Blaise a vécu une expérience spirituelle très forte. À partir de ce moment-là, il a consacré une grande partie de sa vie à écrire sur la foi, l'espérance et les grandes questions à propos de Dieu.

Dans ses dernières années, il n'a pas pu résister aux maths. Il a organisé un concours sur une courbe spéciale appelée la cycloïde, et il a résolu des problèmes que d'autres n'arrivaient pas à résoudre.

Blaise Pascal est mort à seulement 39 ans, mais entre-temps, il avait fait le travail de plusieurs vies. Il a montré que commencer tôt, rester curieux et courir après les idées peut illuminer le monde. Que tu demandes « Quel est l'angle ? » ou « Quel est le sens de la vie ? », Blaise a prouvé qu'il n'est jamais trop tôt pour poser de grandes questions.

Pierre et Marie Curie : Le pouvoir de deux étincelles brillantes

À Paris, en France, vivaient deux scientifiques très curieux : Pierre et Marie Curie. Ce n'étaient pas de simples scientifiques en blouses blanches avec des lunettes de protection (bon, d'accord, ils avaient des blouses). C'étaient des super-scientifiques, remplis d'émerveillement, de détermination et d'amour pour le savoir. Quand ils ont uni leurs forces, leurs cerveaux semblaient presque briller d'idées !

Illustration 13: Marie et Pierre Curie dans leur laboratoire

Marie était née loin de là, en Pologne. À cette époque, les filles n'avaient pas toujours les mêmes chances d'aller à l'école que les garçons. Mais Marie adorait apprendre. Elle lisait des livres comme si c'étaient des cartes au trésor. Elle lisait tard dans la nuit, économisant chaque centime pour pouvoir étudier encore plus. Finalement, elle a déménagé jusqu'à Paris pour réaliser son rêve : devenir scientifique. Elle ne le savait pas encore, mais elle allait rencontrer quelqu'un qui changerait sa vie.

Pierre était un penseur tranquille, qui aimait les longues promenades et les grandes idées. Il étudiait comment les choses bougent et pourquoi le monde fonctionne comme il le fait. Il était intelligent, bien sûr. Mais surtout, il était gentil et réfléchi. Quand Pierre a rencontré Marie, il s'est très vite dit : « Waouh. Elle est brillante. »

Et devine quoi ? Marie a vite pensé la même chose de lui.

Ils ne sont pas tombés amoureux grâce à des fleurs ou des chocolats. Non. Ils sont tombés amoureux grâce à… la science ! Ils ont commencé à travailler ensemble tout de suite. Ils ont étudié des choses invisibles qu'on appelle la radioactivité, de minuscules particules de matière et d'énergie qui sortent de certaines roches spéciales. À l'époque, personne ne comprenait vraiment ça, mais Pierre et Marie étaient décidés à percer ce mystère.

Ils travaillaient dans une remise froide et poussiéreuse. Pas d'outils sophistiqués. Pas de grandes machines modernes. Juste leurs cerveaux, leur travail d'équipe et une curiosité têtue. Pendant des heures et des heures, jour après jour, ils remuaient de gigantesques marmites de roche broyée, à la recherche de quelque chose de nouveau.

Et ils l'ont *trouvé*.

Ensemble, Pierre et Marie ont découvert deux nouveaux éléments : le polonium (nommé ainsi en l'honneur du pays de Marie) et le radium (qui brillait dans le noir !). Ils avaient mis au jour quelque chose de puissant, de mystérieux, quelque chose que personne n'avait jamais vu auparavant.

Ils ne faisaient pas que travailler côte à côte. Ils partageaient leurs idées, s'aidaient l'un l'autre et se rendaient meilleurs ensemble. Ça, c'est ce qu'on appelle *la synergie* : quand un plus un est égal à… bien plus que deux !

En 1903, Pierre et Marie ont reçu ensemble le prix Nobel de physique. Ils sont entrés dans l'histoire, non seulement pour ce qu'ils avaient découvert, mais aussi pour la façon dont ils l'avaient fait : avec du travail d'équipe, de la confiance et un immense amour de l'apprentissage.

Même après la mort de Pierre, Marie a continué à travailler, à découvrir, et à enseigner. Elle est devenue la première personne de toute l'histoire à recevoir deux prix Nobel scientifiques.

Alors, qu'est-ce qui a rendu Pierre et Marie si extraordinaires ? Oui, ils étaient intelligents. Oui, ils travaillaient dur. Mais surtout, ils ont uni leurs forces. Ils s'écoutaient. Ils s'encourageaient. Ils croyaient que la science – et la vie – sont plus belles quand on les vit ensemble.

Et ça, c'est *la synergie*.

Albert Einstein : propulsé par la curiosité

Que se passe-t-il quand on mélange des cheveux en bataille, un sourire rêveur et un million de questions qui ne s'arrêtent jamais ?

On obtient Albert Einstein, le garçon qui ne pouvait pas s'empêcher de s'émerveiller.

Albert n'a pas toujours été le meilleur élève. Il n'aimait pas apprendre des listes par cœur ni rester assis sans bouger. Mais à l'intérieur de sa tête, c'était très animé. Son cerveau bourdonnait comme une ruche !

Illustration 14: Albert Einstein faisant une expérience de pensée

Il restait des heures à fixer une boussole en se demandant : « Pourquoi l'aiguille pointe-t-elle toujours vers le nord ? »

Il s'imaginait en train de courir à côté d'un rayon de lumière.

Il posait des questions comme : « Qu'est-ce que le temps ? Et est-ce qu'il avance toujours de la même façon ? »

La plupart des gens s'arrêtent quand les questions deviennent trop grandes. Pas Albert. Sa curiosité était plus forte que sa confusion.

Au lieu de se contenter de lire les réponses, Albert poursuivait les idées.

Il inventait des expériences de pensée fascinantes, comme des rêveries remplies de maths.

Il imaginait des horloges sur des vaisseaux spatiaux, des ascenseurs flottant dans l'espace, et de la lumière qui rebondit comme une balle de tennis. À chaque idée étrange, il se rapprochait un peu plus de la façon dont l'univers fonctionne vraiment.

C'est ainsi qu'il a créé la théorie de la relativité, l'une des idées les plus incroyables de toute la science. Elle a changé notre manière de voir le temps, l'espace, et même la gravité !

Tout ça parce qu'il a demandé : « Et si… ? »

Albert n'est pas devenu un grand savant parce qu'il avait toujours les bonnes réponses. Il est devenu grand parce qu'il n'a jamais cessé de poser des questions. Même vieux, avec ses cheveux blancs et ses yeux pleins de gentillesse, il disait :

> *« Je n'ai pas de talent spécial. Je suis seulement passionnément curieux. »*

La curiosité, c'était le carburant de son esprit, comme du propergol de fusée pour ses pensées !

La prochaine fois que tu regarderas les étoiles, une toupie qui tourne, ou même une bulle dans ton bain… pose une question. Pars à la chasse à la réponse. Laisse ton émerveillement te guider. Parce qu'on ne sait jamais : un simple « Pourquoi ? » pourrait bien illuminer le monde.

Jane Goodall : la femme qui est allée dans la jungle

Certaines personnes attendent « le bon moment ». Certaines personnes attendent qu'on leur dise quoi faire. Jane Goodall ?

Elle a attrapé son carnet, a mis ses jumelles dans son sac… et est partie droit dans la jungle. Voici l'histoire d'une femme courageuse qui a décidé qu'elle n'avait pas besoin d'autorisation pour suivre son rêve.

Jane était une petite fille curieuse qui aimait les animaux plus que tout. Elle lisait des livres sur Tarzan et s'imaginait vivant dans la nature sauvage.

Elle ramenait des vers de terre dans son lit, observait les fourmis défiler dans le jardin, et s'est même cachée pendant des heures dans un poulailler juste pour voir comment les œufs étaient pondus !

Illustration 15: Jane Goodall et les chimpanzés

Alors que les autres enfants voulaient devenir astronautes ou boulangers, Jane, elle, voulait vivre avec les animaux et découvrir leurs secrets.

Jane n'a pas fréquenté une grande école de sciences. En fait, on lui disait : « Tu n'es qu'une fille. Tu ne peux pas aller en Afrique. » Mais Jane n'a pas attendu. Elle a travaillé dur, économisé de l'argent et a réussi à monter sur un bateau pour le Kenya.

Là-bas, elle a rencontré un scientifique célèbre qui a vu sa passion et lui a donné sa chance. C'est là que tout a vraiment commencé. Elle est partie au cœur des forêts de Tanzanie pour étudier les chimpanzés, non pas dans des cages, mais dans la nature, là où ils vivaient vraiment.

Jane n'avait pas d'outils high-tech. Elle avait de la patience, un carnet... et beaucoup de sandwichs au beurre de cacahuète.

Elle restait assise pendant des heures et des heures, en silence, à regarder les chimpanzés se balancer, jouer, se disputer et se faire des câlins. Peu à peu, ils ont commencé à lui faire confiance.

Et devine quoi ? Jane a fait des découvertes incroyables :
- Les chimpanzés utilisent des outils, comme les humains !
- Ils ressentent des émotions, comme la joie et la tristesse.
- Ils ont des noms, des personnalités et des familles !

Personne n'avait jamais vu ça avant. Mais Jane l'a vu parce qu'elle était là, à regarder, à s'émerveiller et à passer à l'action.

Jane n'est pas restée assise à attendre que le monde lui donne une carte. Elle a tracé son propre chemin. Elle était proactive. Ça veut dire qu'elle faisait bouger les choses. Elle nous a montré qu'on n'a pas besoin de crier pour être courageux. Il suffit de se soucier des autres, d'agir, et de continuer.

Aujourd'hui encore, Jane parcourt le monde, protège les animaux et explique aux enfants qu'eux aussi peuvent faire une différence.

Elle dit :

> *« Chaque individu compte. Chaque individu a un rôle à jouer. »*

Ça veut dire que toi aussi, tu peux être comme Jane. Tu peux être curieux. Tu peux te soucier des autres. Tu peux faire quelque chose de grand... même si ça commence petit.

Wernher von Braun : le garçon qui rêvait de fusées

Quand Wernher von Braun était enfant, il ne se contentait pas de regarder les étoiles, il visait carrément dessus. Alors que les autres enfants rêvaient de faire voler des cerfs-volants ou de construire des petits bolides, le jeune Wernher regardait la Lune et se demandait : *« Comment est-ce que je peux y aller ? »*

C'est comme ça qu'il a commencé : avec la fin en tête. Son but n'était pas seulement de construire des fusées, mais d'emmener des gens dans l'espace.

Wernher est né en Allemagne en 1912. Il adorait les livres sur l'espace et la science-fiction. Un jour, il a même attaché des feux d'artifice à un petit chariot pour voir ce que ça ferait (spoiler : ça a filé très vite… mais pas en toute sécurité !).

Illustration 16: Wernher von Braun et sa fusée

En grandissant, il lisait toujours plus, étudiait toujours plus et posait une tonne de questions sur le mouvement, la vitesse, la gravité et le carburant. Il ne faisait pas que jouer. Il préparait son avenir. Chaque idée, chaque dessin, chaque essai de fusée était un pas de plus vers son grand rêve : le voyage dans l'espace.

Wernher n'est pas devenu scientifique des fusées en une nuit. Il a construit des fusées qui ne fonctionnaient pas. Il a testé des moteurs qui explosaient. Mais il a continué à apprendre, à réparer, et à garder les yeux fixés sur le ciel.

Plus tard, pendant la Seconde Guerre mondiale, il a travaillé sur des fusées pour l'Allemagne. Mais après la guerre, il a déménagé aux États-Unis. Et dans son cœur, il gardait toujours le même rêve : envoyer des gens dans l'espace.

Wernher a rejoint la NASA, où il a aidé à concevoir la fusée Saturn V, la plus grande et la plus puissante fusée jamais construite. Elle ne faisait pas que décoller : elle transportait des astronautes jusqu'à la Lune !

En 1969, quand Apollo 11 a décollé, Wernher a vu son rêve s'envoler vers le ciel. Pas à pas, plan après plan, il avait transformé l'impossible en réalité. Il avait commencé avec la fin en tête et n'avait pas lâché jusqu'à l'atteindre.

Wernher von Braun a dit un jour :

« J'ai appris à utiliser le mot "impossible" avec la plus grande prudence. »

Il a commencé avec une vision, puis a travaillé à rebours, en construisant tout le reste avec le but final en tête. C'est comme ça que naissent les grands rêves. Et c'est comme ça qu'ils se réalisent.

Et toi, as-tu un rêve ? Construire quelque chose ? Découvrir quelque chose ? Atteindre un endroit où personne n'est encore allé ? Alors fais comme Wernher :

1. Imagine-le (*Commence avec la fin en tête*)
2. Fais un plan.
3. Passe à l'action.

Et ne t'arrête pas avant que ta fusée n'atteigne les étoiles.

Chandrasekhara Venkata Raman : le scientifique qui mettait la science avant tout

En Inde, il y avait un garçon qui aimait la lumière. Pas les ampoules électriques. Pas les lampes de poche. Juste… la lumière elle-même : la lumière du soleil sur les feuilles, la lumière de la lune sur l'eau, et la façon dont la lumière peut rebondir, se plier ou changer de couleur.

Ce garçon s'appelait Chandrasekhara Venkata Raman, mais la plupart des gens l'appellent simplement C. V. Raman. Il est devenu l'un

Illustration 17: C. V. Raman à la lueur d'une bougie

des scientifiques les plus brillants du monde. Et il y est arrivé en faisant une chose très importante : il a appris à mettre l'essentiel en premier.

Quand Raman était jeune, il était super doué. Il a terminé l'école en avance et est entré à l'université alors qu'il n'était encore qu'un adolescent !

Mais Raman ne perdait pas son temps à frimer. Pendant que d'autres étudiants jouaient ou faisaient la sieste, Raman fonçait à la bibliothèque. Il lisait des revues scientifiques pour le plaisir et posait des questions folles comme :

- Pourquoi le ciel est-il bleu ?
- Que se passe-t-il quand la lumière touche l'eau ?
- Est-ce que la lumière peut nous révéler des secrets ?

Il n'était pas seulement curieux. Il était concentré.

Après l'université, Raman a travaillé comme fonctionnaire. C'était un travail prenant, mais devine quoi ? Il n'a pas arrêté de faire de la science pour autant.

Il utilisait chaque moment libre – la pause déjeuner, les soirées, les week-ends – pour aller dans des laboratoires, faire des expériences et écrire des articles de recherche. Raman ne disait pas : « Je suis trop fatigué. » Il disait : « C'est important pour moi. »

Il savait quel était son rêve, et il lui faisait de la place dans sa vie. Ça, c'est mettre l'essentiel en premier.

Un jour, pendant un voyage en bateau, Raman a remarqué la façon dont la lumière dansait à la surface de l'océan. Ça lui a donné une nouvelle question : *que se passe-t-il exactement quand la lumière traverse l'eau ?*

Il a lancé des expériences. Il a utilisé la lumière du soleil, des fioles en verre et beaucoup de puissance cérébrale. Et puis, BOUM ! Il a découvert quelque chose de totalement nouveau : la lumière change de couleur quand elle traverse certains matériaux. Cette découverte est devenue ce qu'on appelle aujourd'hui l'effet Raman, et elle a changé pour toujours la manière dont les scientifiques étudient la lumière !

En 1930, il est devenu le premier scientifique asiatique à recevoir le prix Nobel de physique. Tout ça parce qu'il est resté concentré sur ce qui comptait le plus pour lui.

Raman n'essayait pas de tout faire. Il choisissait ce qui était important et y donnait le meilleur de lui-même.

Alors, la prochaine fois que tu te demanderas quoi faire :
- Termine tes devoirs avant de regarder des dessins animés.
- Entraîne-toi avant le grand spectacle.
- Poursuis tes rêves, un pas concentré à la fois.

Parce que quand tu *mets l'essentiel en premier*, ta lumière à toi peut briller très fort… tout comme celle de Raman.

George Washington Carver : le scientifique qui partageait sa lumière

Il y a bien des années, il y avait un garçon nommé George qui aimait les plantes plus que tout. Il parlait aux fleurs, observait les feuilles et rêvait d'aider le monde à devenir plus vert et plus beau.

Ce garçon est devenu George Washington Carver, un scientifique, un professeur et un inventeur qui croyait que, quand on aide les autres, tout le monde grandit avec nous.

Illustration 18: George Washington Carver en train d'enseigner

George est né dans l'esclavage, mais il n'a pas laissé cela le définir. Il a travaillé dur pour apprendre tout ce qu'il pouvait sur les plantes et la science. Il pensait que la connaissance était un cadeau fait pour être partagé.

Il a découvert plus de 300 utilisations pour l'arachide : pas seulement le beurre de cacahuète, mais aussi de la peinture, de la colle et même du caoutchouc ! Mais George n'a pas déposé de brevet pour la plupart de ses inventions. Pourquoi ? Parce qu'il voulait que tout le monde puisse en profiter.

Dans le sud des États-Unis, beaucoup de fermiers avaient du mal à s'en sortir. Le sol était épuisé à force de cultiver uniquement du coton. George leur a appris à planter des arachides et des patates douces, ce qui aidait la terre à se régénérer et offrait aux fermiers de nouvelles récoltes à vendre.

Il a même créé une salle de classe sur roues, appelée le « Jesup Wagon », pour apporter l'enseignement directement aux fermiers. George croyait que, quand les fermiers réussissaient, toute la communauté en profitait.

George a dit un jour :

> *« Ce ne sont ni les vêtements que l'on porte, ni la voiture que l'on conduit, ni l'argent que l'on a à la banque qui comptent. Tout cela ne signifie rien. C'est simplement le service rendu qui mesure le succès. »*

Il a montré que le vrai succès vient du fait d'aider les autres à réussir eux aussi.

- Partage ton savoir : aider les autres à apprendre rend tout le monde plus intelligent.
- Pense aux autres : quand tu fais un choix, réfléchis à la façon dont il touche ceux qui t'entourent.
- Grandissez ensemble : la réussite est encore plus belle quand elle est partagée.

Alors, sois comme George. Plante des graines de gentillesse, arrose-les avec de la connaissance, et regarde pousser un merveilleux jardin de bonté !

Barbara McClintock : la chuchoteuse de maïs

La plupart des scientifiques utilisent des microscopes. Certains utilisent des carnets de notes. Barbara McClintock, elle, avait quelque chose en plus : une énorme *patience*. Elle ne se contentait pas de regarder les plantes. Elle les « écoutait ». Et ce qu'elles lui ont raconté ? Ça a tout changé dans ce que nous savons sur les gènes !

Barbara est née en 1902 et, dès le début, elle adorait les énigmes. Les poupées et les robes ne l'intéressaient pas vraiment. Elle, elle préférait démonter les choses pour voir comment elles fonctionnaient.

En grandissant, elle s'est mise à étudier les sciences, même à une époque où beaucoup de gens pensaient que les filles ne devaient pas faire ça. Mais Barbara n'a pas laissé ces idées l'arrêter. Elle a suivi sa curiosité jusque dans les champs… les champs de maïs, pour être précis.

Illustration 19: Barbara McClintock faisant des expériences sur le maïs

Barbara a passé *des années* à étudier le maïs. Pas seulement comment il pousse, mais comment ses gènes fonctionnent. Tu vois les petites taches de couleur sur certains grains de maïs ? Ce ne sont pas juste de jolies décorations, ce sont des indices. Des indices sur la façon dont l'information passe d'une plante à la suivante.

Barbara a observé l'intérieur des cellules de maïs au microscope et a remarqué quelque chose de *bizarre*… Les gènes bougeaient ! Ils sautaient d'un endroit à l'autre. Personne n'avait jamais vu ça avant.

Quand Barbara l'a annoncé aux autres scientifiques, ils ont répondu : « Les gènes ne peuvent pas sauter ! Ça n'a pas de sens ! » Mais Barbara ne s'est pas fâchée. Elle n'a pas crié et elle ne s'est pas disputée. Elle a simplement continué d'écouter son maïs, ses données, la vérité.

Elle cherchait à comprendre, pas à être comprise tout de suite. Et avec le temps, le monde a fini par la rattraper.

Des années plus tard, les scientifiques ont réalisé que Barbara avait eu raison depuis le début. Sa découverte des gènes sauteurs (qu'on appelle aussi « transposons ») a aidé à expliquer comment les gènes peuvent changer et s'adapter. En 1983, bien des années plus tard, elle a reçu le prix Nobel de physiologie ou médecine !

Barbara ne se dépêchait pas. Elle n'essayait pas de parler plus fort que les autres. Elle écoutait attentivement et laissait la nature être son guide.

Alors, la prochaine fois que tu es curieux :
- Observe bien.
- Pose des questions.
- Écoute d'abord. Puis parle ensuite.

Parce que parfois, ce sont les penseurs les plus patients qui font les plus grandes découvertes.

Albert Schweitzer : l'homme qui prenait soin de tout (même de lui-même !)

Dans une petite ville de France appelée Kaysersberg, est né un bébé qui allait un jour aider le monde — et aussi s'aider lui-même — d'une façon incroyable. Son nom ? Albert Schweitzer (ça se prononce « CHVAÏ-teur » !).

Albert était un enfant curieux, avec un esprit comme une éponge. Il posait des questions comme : « Pourquoi est-ce qu'on vit ? » et « comment puis-je aider les gens ? » Il lisait des livres,

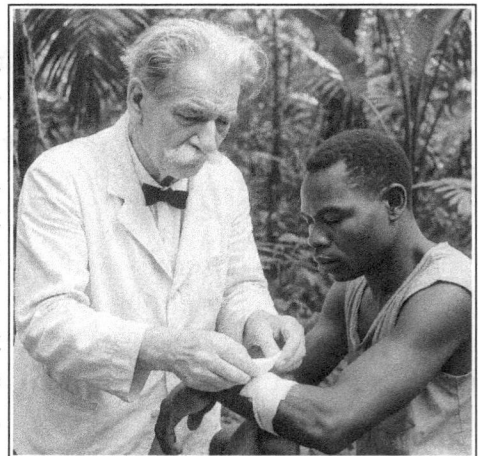

Illustration 20: Albert Schweitzer en train de soigner une blessure

étudiait la musique et apprit même à jouer du grand orgue avec tellement de beauté que les oiseaux auraient pu danser dans les arbres en l'écoutant.

Albert aimait tellement apprendre qu'il n'a pas eu un, ni deux, mais trois diplômes universitaires : en philosophie, en musique et en théologie (c'est l'étude de Dieu et des choses spirituelles). Puis, à 30 ans, il a fait quelque chose de fou : il est retourné à l'école pour devenir médecin !

> *« Si je veux aider le monde, disait-il, je dois aussi apprendre à soigner les gens. »*

Alors il a étudié la médecine pour entraîner son esprit encore plus loin.

Être médecin en Afrique n'était pas facile. Albert a construit un hôpital dans la jungle et y a soigné des milliers de personnes. Il portait de l'eau, coupait du bois et soignait des patients toute la journée. Mais il faisait aussi attention à lui : il mangeait de la nourriture saine, se reposait quand il le pouvait et étirait son dos après de longues heures penché au-dessus des lits des malades. Il croyait que prendre soin de son propre corps l'aidait à mieux prendre soin des autres.

Albert croyait en quelque chose qu'il appelait la *« Révérence pour la Vie »*. Cela veut dire respecter et aimer tous les êtres vivants : les humains, les animaux, même les petits insectes ! Il traitait tout le monde avec gentillesse, peu importe leur origine ou leur pauvreté. Son cœur était aussi grand que la jungle qui l'entourait.

Albert jouait aussi de l'orgue pour retrouver la paix intérieure. Quand les choses devenaient stressantes (et ça arrivait souvent !), il jouait de la musique de Bach et laissait les notes emporter son esprit très haut. Il priait, et il écrivait aussi des livres sur la bonté et la paix. Il croyait qu'aider les autres était la meilleure façon de ressentir la joie à l'intérieur de soi.

Alors, qu'est-ce que nous pouvons apprendre du Dr Albert Schweitzer ? Que la meilleure manière d'aider le monde, c'est de *commencer par soi-même*. Prends soin de ton esprit avec l'apprentissage, de ton corps avec le mouvement et le repos, de ton cœur avec la gentillesse, et de ton esprit intérieur avec la paix.

Alors, comme Albert, tu seras prêt à changer le monde avec *tout* ce que tu es !

Léonard de Vinci : le scientifique qui griffonnait ses rêves

Dans une petite ville appelée Vinci, en Italie, est né un garçon qui ne pouvait pas s'empêcher de dessiner, de construire, de réfléchir et de s'émerveiller. Il s'appelait Léonard et… waouh ! Son cerveau était en ébullition !

La plupart des gens connaissent Léonard de Vinci parce qu'il a peint la Joconde avec son sourire mystérieux, ou *La Cène* avec douze invités complètement surpris autour de la table. Mais savais-tu qu'il était aussi un scientifique à l'imagination déchaînée ? Il ne se contentait pas de « penser en dehors de la boîte ». Il dessinait une meilleure boîte, la transformait en hélicoptère… et imaginait voler jusqu'à la Lune avec !

Illustration 21: Léonard de Vinci et son hélicoptère

Léonard n'est pas allé dans de grandes écoles et n'a pas appris la science dans un laboratoire. Il a appris en observant de près les oiseaux, les fleurs, les rivières et même les petits vers qui se tortillent. Il a rempli carnet après carnet de croquis de muscles, de machines, d'os, de bulles et de chauves-souris. Il étudiait la façon dont l'eau coule et la façon dont les gens marchent. Il voulait *tout* savoir !

Il se posait des questions comme :

Comment un oiseau bat-il des ailes ?

Puis-je construire une machine qui vole ?

Qu'est-ce qu'il y a à l'intérieur du corps humain ?

Léonard a imaginé des machines qui n'existaient pas encore :

- Un hélicoptère qui ressemblait à une vis volante

- Un parachute en forme de pyramide
- Un chevalier « robot » qui pouvait s'asseoir et faire coucou
- Une combinaison de plongée pour explorer sous l'eau

Est-ce que tout ça marchait vraiment ? Pas toujours ! Mais ça ne gênait pas Léonard. Il croyait qu'imaginer, c'est la première étape pour inventer. Et ses idées allaient inspirer des scientifiques pendant des centaines d'années.

Léonard était curieux de tout. Il a étudié :
- L'anatomie, en dessinant les muscles sous la peau
- L'astronomie, en croquant la lumière de la Lune
- L'ingénierie, en inventant des ponts et des pompes à eau
- La botanique, en observant comment les feuilles poussent en spirales

Il écrivait même ses notes à l'envers, en écriture miroir ! (Certains disent que c'était pour garder ses idées secrètes ; d'autres pensent qu'il aimait juste le défi.)

Léonard de Vinci nous montre que la science, ce n'est pas seulement des règles. C'est aussi de l'imagination. Il n'avait pas peur d'avoir tort, ni de rêver grand, ni de mélanger l'art et la science comme des couleurs sur une palette.

Alors, si tu as déjà construit une tour en blocs, dessiné une fusée ou demandé « *Et si... ?* », félicitations ! Tu penses déjà comme Léonard.

Et peut-être bien qu'un jour, toi aussi, tu griffonneras quelque chose qui changera le monde.

Florence Nightingale : l'infirmière qui remarquait tout

Il était une fois, à la lueur des bougies, une petite fille nommée Florence Nightingale, née en 1820 dans une ville appelée Florence, en Italie (c'est de là que vient son prénom !). Elle a grandi en Angleterre, avec un esprit curieux et un cœur rempli de gentillesse. Mais ce qui la rendait vraiment spéciale, c'était son superpouvoir : elle remarquait les choses. Les toutes petites choses. Les choses importantes. Les choses que personne d'autre ne voyait.

Florence avait les yeux d'une scientifique et l'âme d'une super-héroïne. Pendant que les autres se contentaient de regarder, elle, elle observait. Et ça changeait tout.

Même enfant, Florence faisait attention à tout : comment les plantes poussaient, comment les animaux se comportaient, comment les gens se sentaient. Elle posait des questions comme :

Illustration 22: Florence Nightingale avec des diagrammes en camembert

Pourquoi est-ce que ça arrive ?

Quel est le motif, le schéma ?

Comment pourrait-on améliorer ça ?

Sa famille voulait qu'elle aille à des fêtes et porte de belles robes, mais Florence, elle, voulait autre chose. Elle voulait aider les gens et utiliser ses pouvoirs d'observation pour sauver des vies.

Quand la guerre de Crimée a éclaté, Florence est devenue infirmière et est partie soigner les soldats blessés. Mais en arrivant à l'hôpital, elle a découvert quelque chose de terrible :

- ◆ Le sol était sale.
- ◆ Les lits étaient entassés.
- ◆ L'eau était polluée.
- ◆ Et le pire ? Plus de soldats mouraient de maladie que de leurs blessures de guerre !

La plupart des gens ne comprenaient pas pourquoi. Mais Florence, elle, regardait. Elle comptait. Elle écoutait. Elle mesurait. Elle observait.

Et qu'a-t-elle découvert ? Que la mauvaise hygiène, les mains sales, les instruments sales, les hôpitaux sales, rendait tout le monde encore plus malade !

Florence ne se contentait pas de deviner. Elle rassemblait des données et faisait des graphiques, même de jolis diagrammes en camembert qui ressemblaient à des fleurs ! Ces diagrammes colorés montraient au gouvernement britannique exactement ce qui n'allait pas.

Elle disait : « Regardez ! Des hôpitaux propres sauvent des vies ! » Et devine quoi ? On l'a écoutée. Les hôpitaux dans toute l'Angleterre et ailleurs sont devenus plus propres et plus sûrs, tout ça parce qu'une femme avait remarqué ce que les autres ignoraient.

La nuit, Florence parcourait les couloirs avec une lanterne, vérifiant chaque patient. Les soldats l'appelaient « La Dame à la lampe ». Mais elle était bien plus que ça. C'était la dame qui observait, notait… et changeait le monde, une observation à la fois.

Faire attention (voir vraiment ce qui t'entoure), c'est un superpouvoir. Tu n'as pas besoin de blouse blanche ou de microscope. Il suffit d'être curieux, attentif, et de ne jamais arrêter de t'émerveiller. Car qui sait ? La prochaine grande découverte pourrait venir de toi… si tu prends le temps de *remarquer*.

Carl Sagan : le guetteur d'étoiles qui posait des questions intelligentes

Par une nuit scintillante, sous un ciel rempli d'étoiles, un garçon nommé Carl Sagan levait les yeux et se demandait :

« *C'est quoi* ces lumières là-haut ? »

« Y a-t-il d'autres planètes comme la Terre ? »

« Est-ce que quelqu'un là-bas est en train de nous faire coucou ? »

Carl ne faisait pas que rêver, il réfléchissait. Il ne faisait pas que croire, il questionnait. Il ne se contentait pas de deviner, il utilisait la pensée critique pour explorer les plus grands mystères de l'univers !

Carl est né en 1934 à Brooklyn, à New York. Il adorait les bandes dessinées, les dinosaures et la science-fiction. Mais même enfant, il posait des questions futées et difficiles, comme :

« Comment sait-on que les extraterrestres existent ? »

« Est-ce que les étoiles peuvent mourir ? »

« Pourquoi les gens croient-ils des choses bizarres sans preuve ? »

Il ne croyait pas quelque chose juste parce que quelqu'un l'affirmait. Carl croyait aux preuves. Il voulait de vraies raisons derrière chaque réponse. Ça s'appelle la pensée critique : le superpouvoir qui consiste à s'arrêter, réfléchir, vérifier les faits… puis se faire sa propre opinion.

Illustration 23: Carl Sagan en train d'inventer des questions malignes

En grandissant, ses questions sont devenues encore plus grandes. Il est devenu scientifique et a étudié l'univers. Il a aidé à envoyer des sondes pour explorer les planètes. Il a même fait placer un disque d'or sur le vaisseau Voyager, avec un message de la Terre pour d'éventuels extraterrestres qui le trouveraient un jour !

Mais Carl ne se contentait pas d'étudier l'espace. Il l'expliquait au monde entier, d'une façon qui faisait dire aux gens : « Waouh ! », « Aha ! » et « Je n'y avais jamais pensé comme ça ! »

Son émission de télé, *Cosmos*, a emmené des millions de personnes en voyage à travers les galaxies, les trous noirs et les atomes. Tout ça propulsé par une pensée claire et rigoureuse.

Le détecteur à balivernes

Carl pensait qu'on ne devrait jamais se laisser avoir par des idées farfelues sans vérifier les faits. Il a même inventé une sorte de liste d'outils qu'il appelait sa « trousse de détecteur à balivernes ». Ce n'était pas une vraie machine (désolé, pas de boîte qui clignote et qui fait *bip bip*), mais une méthode pour repérer les mauvais arguments et les petites entourloupes.

Voici quelques-uns de ses outils :

- **Demander des preuves** Ne crois pas quelque chose juste parce que ça sonne bien. Demande : « Où sont les preuves ? »
- **Des résultats reproductibles** Si c'est vrai, ça doit marcher de la même façon encore et encore. « Est-ce que quelqu'un d'autre peut refaire l'expérience et obtenir le même résultat ? »
- **Vérifier les sources** Qui dit ça ? Est-ce quelqu'un de fiable ? Est-ce qu'il ne fait pas juste deviner ?
- **Utiliser une logique solide** Attention aux raisonnements tordus. Juste parce que deux choses arrivent en même temps ne veut pas dire que l'une cause l'autre. (Les ventes de glace et les coups de soleil augmentent en été, mais la glace ne cause pas les coups de soleil !)
- **Regarder les deux côtés** Écoute les avis différents. Que disent ceux qui sont pour *et* ceux qui sont contre l'idée ?
- **Éviter les astuces** Méfie-toi des mots qui jouent sur les émotions, des effets « waouh » qui distraient, ou de phrases comme « Tout le monde sait ça ! ». Ça, ce n'est pas une preuve.
- **Se méfier de la "magie facile"** Ce n'est pas parce que quelque chose est mystérieux que c'est forcément magique. Ça veut peut-être juste dire qu'on ne comprend pas encore.

Carl Sagan nous rappelait que l'univers est immense, magnifique... et compréhensible, mais seulement si on pose de bonnes questions et si on cherche de vraies réponses.

Il a dit un jour :

> « *Des affirmations extraordinaires exigent des preuves extraordinaires.* »

C'est une façon très intelligente de dire que les grandes idées ont besoin de grandes preuves !

Carl nous a montré que c'est cool de s'émerveiller, et encore plus cool de penser clairement. Que la science ne consiste pas seulement en télescopes et en fusées, mais aussi en cette simple question : « Pourquoi ? »

Avec un cœur curieux et un esprit affûté, tu peux, toi aussi, tendre la main vers les étoiles… et peut-être même les toucher un jour

Galileo Galilei : le guetteur de ciel qui a ouvert son esprit

Il y a longtemps, au pays de la pizza, des pâtes et des grandes idées (l'Italie !), un garçon nommé Galileo Galilei est né en 1564. Dès le début, il était curieux. Il touchait à tout, testait tout, et posait des questions comme :

Pourquoi les choses tombent-elles vers le bas ?

Qu'est-ce qu'il y a vraiment là-haut dans le ciel ?

Et si… tout le monde se trompait ?

Illustration 24: Galileo Galilei observant le ciel

Galilée n'avait pas peur des réponses bizarres. Il était fier de dire :

« Regardons encore, mais l'esprit ouvert ! »

Un jour, Galilée entend parler d'un nouveau gadget venu des Pays-Bas : une longue-vue qui rend les choses lointaines toutes proches. Il ne s'est pas contenté de dire : « Jouet sympa. » Non ! Il a construit son propre télescope, l'a pointé vers le ciel… et a fait des découvertes qui retournent le cerveau. Il a vu :

- Des montagnes sur la Lune (Quoi… la Lune n'est pas lisse ?!)
- Des lunes qui tournent autour de Jupiter (Wow ! Donc tout ne tourne pas autour de la Terre !)
- Les phases de Vénus (Comme la Lune… mais pas tout à fait pareil, intéressant…)

Tout ça ne collait pas avec l'ancienne idée que la Terre était le centre de tout. Mais Galilée n'a pas paniqué, et il n'a pas fait semblant de ne rien voir. Il a dit :

« Peut-être qu'il nous faut une nouvelle idée. Peut-être que la Terre tourne autour du Soleil ! »

Ça demandait du courage… et un esprit vraiment ouvert.

Beaucoup de gens se sont fâchés. « La Terre ne peut pas bouger ! » criaient-ils. Mais Galilée n'était pas insolent. Il était curieux. Il ne voulait pas avoir raison pour gagner une dispute. Il voulait comprendre comment les choses fonctionnent vraiment.

Même quand des personnes très puissantes lui ont dit d'arrêter, Galilée continuait, en secret, à murmurer aux étoiles :

« J'écoute… »

Il croyait que faire de la science, c'est accepter de changer d'avis quand on découvre de nouvelles preuves. Ce n'est pas de la faiblesse, c'est de la sagesse.

Parce que Galilée est resté ouvert à ce qu'il voyait dans son télescope, il a aidé à lancer une nouvelle façon de faire de la science : observer, réfléchir et poser des questions sans avoir peur.

Il a dit un jour :

« Toutes les vérités sont faciles à comprendre, une fois qu'elles sont découvertes. Le tout est de les découvrir. »

Et découvrir, ça veut dire être prêt à être surpris !

Être ouvert d'esprit, c'est être courageux. C'est accepter de lâcher ce que tu crois savoir pour faire de la place à ce qui pourrait être vrai.

Alors, la prochaine fois que tu entendras quelque chose d'étrange ou que tu remarqueras quelque chose de nouveau, ne dis pas juste : « C'est impossible. » Fais comme Galilée. Lève les yeux, ouvre ton esprit... et laisse l'univers t'apprendre quelque chose d'extraordinaire.

Gregor Mendel : le patient cueilleur de pois

Illustration 25: Gregor Mendel et ses petits poi

Il y a longtemps, dans un coin tranquille de ce qui est aujourd'hui la République tchèque, vivait un homme nommé Gregor Mendel. Il ne portait pas de blouse blanche, ne pilotait pas de fusée. Non. Il portait une robe de moine et travaillait dans un jardin. Mais ne te laisse pas tromper par les apparences : Gregor Mendel est l'un des scientifiques les plus importants de l'histoire. Et tu sais quel était son superpouvoir ?

La patience.

Mendel n'a pas inventé de fusées ni de lasers. Il a planté... des pois. Des pois verts, des pois ridés, des pois ronds, des pois jaunes. Pois après pois après pois ! Là où d'autres se seraient ennuyés, Mendel restait calme. Il regardait. Il attendait. Il comptait. Puis il plantait encore.

Il a fait ça pendant huit longues années. Presque toute ta vie à toi !

Il se demandait pourquoi certains pois étaient ronds et d'autres ridés, pourquoi certains étaient jaunes et d'autres verts. Alors il a croisé les plantes très soigneusement et observé ce qui arrivait à la génération suivante. Il faisait des tableaux, des notes, puis encore des tableaux. C'était à lui tout seul une agence de détective... pour pois !

Et qu'a-t-il découvert ?

Les règles de l'hérédité ! C'est un mot savant pour expliquer comment les caractéristiques se transmettent des parents aux enfants, ou des plants de pois aux bébés plants de pois. Mendel a trouvé des motifs que personne n'avait remarqués avant lui. Son travail a été la première étape de ce qu'on appelle aujourd'hui la génétique.

Mais devine quoi ? Quand il a publié ses résultats, personne ne s'en est soucié. Pas un seul « Hourra ! ». Pas un seul « Waouh, Mendel, tu es génial ! ». Sa découverte est restée dans le silence pendant plus de 30 ans.

Est-ce que Mendel a boudé ? Est-ce qu'il a piétiné ses plants de pois ?

Non. Il a simplement continué à être gentil, curieux... et patient.

Et, un jour, le monde a fini par le rattraper. Les scientifiques ont compris que Mendel avait découvert quelque chose d'énorme. Aujourd'hui, tous les livres de sciences parlent de Mendel et de ses merveilleux petits pois.

Alors, la prochaine fois que tu seras coincé sur un problème ou que tu devras attendre ton tour, pense à Gregor. Au patient cueilleur de pois. Au moine qui a fait pousser un jardin plein de secrets. Et à l'homme qui a prouvé que parfois, les plus belles découvertes poussent lentement.

Rosalind Franklin : la partenaire qui résolvait les énigmes

Dans la grande ville animée de Londres, est née une fille nommée Rosalind Franklin qui adorait les énigmes. Pas seulement les puzzles en carton (même si elle les appréciait sûrement aussi), mais les énigmes faites d'atomes, d'ombres et de lumière.

Rosalind n'appelait pas l'attention en criant ni en tapant du pied. Elle laissait son travail parler pour elle. Elle a étudié la physique et la chimie, deux des matières les plus difficiles qui soient. Puis elle a découvert quelque chose de presque magique :

avec un type spécial d'appareil appelé la cristallographie aux rayons X, on pouvait prendre des photos de choses invisibles, comme des molécules ! Rosalind a utilisé cette technique pour aider à résoudre l'un des plus grands mystères de la science : à quoi ressemble l'ADN.

L'ADN, c'est comme une recette secrète pour chaque être vivant. Tout le monde voulait connaître sa forme. Rosalind travaillait avec une équipe au King's College. Elle a dirigé des rayons X très précisément sur de minuscules brins d'ADN et a capturé une photo si nette et si claire qu'on l'a surnommée « Photographie 51 ». Cette image est devenue une pièce essentielle pour comprendre la forme torsadée de l'ADN : la fameuse double hélice !

Illustration 26: Rosalind Franklin et son équipe

Mais voici le twist : l'équipe entière ne travaillait pas toujours très bien ensemble. Certains scientifiques, comme James Watson et Francis Crick, ont utilisé la photo de Rosalind sans lui demander d'abord. Ils sont devenus célèbres pour avoir construit le modèle de l'ADN, mais le travail minutieux de Rosalind a été indispensable à cette découverte. Et elle, elle a continué à travailler, à collaborer avec d'autres scientifiques, à partager ses idées, à écouter les leurs, et à construire de grandes réponses ensemble.

Ensuite, elle a étudié les virus, en équipe avec un autre scientifique nommé Aaron Klug. Ensemble, ils ont découvert comment les virus étaient construits, comme des détectives qui dessineraient les plans de châteaux invisibles. Rosalind dirigeait son équipe avec gentillesse, clarté et soin. Elle ne croyait pas à la frime. Elle croyait au travail en commun.

Rosalind Franklin n'a pas vécu assez longtemps pour voir à quel point son nom deviendrait célèbre, mais aujourd'hui, les scientifiques du monde entier l'honorent comme une partenaire brillante dans le grand puzzle de la science, une scientifique qui a montré que certains mystères ne se résolvent qu'*ensemble*.

Richard Feynman : le grand expliqueur

Si la science était un cirque, Richard Feynman serait le maître de piste, faisant tournoyer les idées, lançant des blagues et sortant les secrets de l'univers de son haut-de-forme !

Richard Feynman est né en 1918 à New York, et dès le début, il débordait de curiosité. Quand il était garçon, il démontait les radios juste pour voir comment elles marchaient (et, heureusement, il en remontait la plupart !). Il adorait comprendre les choses et, surtout, il adorait expliquer ce qu'il découvrait.

Illustration 27: Richard Feynman en train d'expliquer

En grandissant, Richard est devenu un physicien mondialement célèbre. Il a aidé à percer la puissance des atomes et a exploré la partie la plus étrange de la science : la mécanique quantique ! C'est le monde minuscule des particules et des ondes, où les choses peuvent être à deux endroits en même temps ou tourner d'une façon invisible. Ça a l'air compliqué ? Pas quand Feynman l'expliquait !

Il avait une façon magique de parler des idées difficiles. Il utilisait des histoires rigolotes, des dessins un peu fous, et même des tambours bongo (oui, vraiment !) pour aider les gens à comprendre. Il disait :

« *Si tu ne peux pas expliquer quelque chose*

simplement, c'est que tu ne l'as pas vraiment compris. »

Alors il travaillait dur pour rendre la science simple. Pas simple-ennuyeuse, mais simple-amusante !

Dans ses célèbres « Feynman Lectures » (Leçons de Feynman), il a transformé la physique de l'université en grande aventure. Ses livres, comme « *Surely You're Joking, Mr. Feynman!* » (Vous plaisantez, monsieur Feynman !), faisaient rire les gens tout en leur apprenant plein de choses. Et quand une navette spatiale a explosé, il a aidé à trouver pourquoi, puis l'a expliqué si clairement que tout le monde pouvait comprendre.

Richard Feynman n'était pas seulement un scientifique. Il était aussi un professeur, un communicateur, un conteur de science. Il croyait que le monde est plein de merveilles, et que ces merveilles doivent être partagées.

Alors, la prochaine fois que tu comprends quelque chose, ne garde pas tout pour toi : explique-le ! Utilise tes mains, tes mots, et même des tambours si tu en as. Sois comme Feynman : transforme les idées en feux d'artifice de mots et laisse-les illuminer les esprits autour de toi.

Michael Faraday : l'étincelle de vérité

Michael Faraday ne portait pas de blouse de laboratoire. Il n'est même jamais allé dans une grande école prestigieuse. Mais il avait quelque chose de bien plus puissant : un cœur rempli de curiosité et un esprit qui ne mentait jamais.

Né à Londres en 1791, Michael était le fils d'un forgeron. Il a dû quitter l'école alors qu'il était encore enfant pour aider à gagner de l'argent.

Illustration 28: Michael Faraday et l'électricité

Mais ça ne l'a pas arrêté. Il lisait tous les livres qui lui tombaient sous la main, surtout ceux qui parlaient de science. Il reliait des livres le jour, dévorait des livres la nuit… et rêvait tout le temps.

Un jour, le jeune Michael a eu la chance d'assister à une conférence de science donnée par un chimiste célèbre, Humphry Davy. Il a pris des notes, des pages et des pages, puis les a envoyées à Davy avec une lettre qui disait, en gros : « Bonjour ! J'adore la science ! Est-ce que je peux travailler avec vous ? »

Devine quoi ? Davy a dit oui !

Michael est devenu assistant de laboratoire et, très vite, il ne faisait plus seulement aider aux expériences… il les dirigeait ! Il a découvert que l'électricité et le magnétisme étaient liés, ce qui a permis un jour d'inventer les moteurs électriques. Il a trouvé comment transformer l'énergie chimique en énergie électrique. Son travail a changé le monde.

Mais voici ce qui le rend vraiment extraordinaire : il n'inventait jamais des résultats.

Michael croyait que la science, c'est chercher la vérité, même si ce n'est pas celle qu'on espérait. Si une expérience ratait, il ne faisait pas semblant qu'elle avait réussi. S'il ne connaissait pas la réponse, il ne trichait pas. Il a dit un jour :

« *Rien n'est trop merveilleux pour être vrai, à condition que ce soit conforme aux lois de la nature.* »

Ça veut dire qu'il croyait que la nature ne ment jamais… et que les scientifiques ne doivent pas mentir non plus.

Il tenait des carnets très précis, racontait exactement ce qui se passait, et partageait librement ses découvertes. Il donnait des conférences pour des enfants comme toi, avec des étincelles, des bobines qui tournent, et des lumières qui s'allument. Mais surtout, ses démonstrations étaient remplies d'honnêteté.

Michael Faraday a montré au monde que tu n'as pas besoin d'être riche, de porter une perruque poudrée ou d'utiliser des mots compliqués pour être un grand scientifique. Tu as surtout besoin de curiosité, de courage… et de l'honnêteté nécessaire pour suivre la vérité, où qu'elle te mène.

Johannes Kepler : le résolveur d'énigmes des planètes

Il y a longtemps, dans un pays de châteaux et de comètes, vivait un garçon nommé Johannes Kepler. Il adorait regarder les étoiles. Elles scintillaient et dansaient au-dessus de lui comme de minuscules mystères accrochés au ciel. Mais Johannes ne faisait pas que rêver devant les étoiles. Il voulait savoir ce qu'elles faisaient et pourquoi elles bougeaient comme ça.

C'est là que *la discipline* entre en scène.

Illustration 29: Johannes Kepler dessinant le système solaire

Kepler n'était pas le genre de scientifique à lancer une idée au hasard puis à passer à autre chose. Oh non. C'était le genre à retrousser ses manches, à s'asseoir à son bureau pendant des années… et à faire tous les calculs à la main ! Des milliers et des milliers de nombres, jour après jour. Ses amis devaient se dire qu'il avait des étoiles jusque dans sa soupe tellement il pensait au ciel !

Il avait une grande question : « Est-ce que les planètes se déplacent en cercles parfaits ? » Tout le monde le croyait. Mais Kepler, lui, ne se contentait pas de croyances. Il voulait des preuves.

Alors il a utilisé les notes d'observation des planètes laissées par un autre guetteur d'étoiles, Tycho Brahe. Ces notes étaient énormes, comme un coffre au trésor rempli de mesures. Kepler s'est plongé dedans comme un détective sur une enquête sans fin. Il vérifiait et revérifiait les nombres, dessinait des schémas, se trompait parfois… mais il ne renonçait jamais.

Après des années de travail acharné (et sûrement quelques encriers renversés), Kepler a fait une découverte incroyable : les planètes ne se déplacent pas en cercles parfaits, mais dans des formes un peu étirées qu'on appelle des ellipses ! Ça a l'air d'un petit détail, mais en réalité, c'était immense. Cette découverte a aidé les scientifiques à comprendre la gravité, à construire des fusées et même à envoyer des astronautes sur la Lune !

Johannes Kepler nous a appris que pour résoudre de grands mystères, il ne suffit pas d'être intelligent. Il faut de *la discipline.* La discipline, c'est l'effort régulier qui continue même quand c'est difficile.

Alors, la prochaine fois que tu verras une étoile, souviens-toi : quelqu'un comme Kepler a travaillé pendant des années pour comprendre ce qui se passe là-haut. Et peut-être que toi aussi, si tu es patient et précis, tu pourras résoudre un grand mystère à ton tour.

Nikola Tesla : l'homme qui rêvait en étincelles

Par une nuit d'orage en 1856, un bébé naît dans un petit village de ce qui est aujourd'hui la Croatie. Les éclairs zèbrent le ciel, le tonnerre gronde, et la sage-femme s'exclame : « Cet enfant sera un enfant de la lumière ! » Ce bébé, c'était Nikola Tesla, et, oh, comme elle avait raison.

Dès le début, Nikola voyait le monde autrement. Pendant que les autres enfants jouaient avec des jouets, lui, il les construisait.

Illustration 30: Nikola Tesla en train de réfléchir

Pendant que les autres regardaient les oiseaux voler, lui se demandait comment lui pourrait voler. Son esprit était toujours rempli d'images, de motifs et d'énigmes. Il n'avait même pas besoin de papier pour dessiner : il peignait ses inventions dans son imagination, jusqu'à la plus petite vis.

Un jour, il imagina une roue à eau qui pourrait tourner pour toujours. Un autre jour, il vit dans sa tête un moteur qui n'aurait pas besoin d'étincelle pour continuer de tourner. Et quand il fermait les yeux, il ne faisait pas que rêver : il *concevait*.

En grandissant, Nikola s'est éloigné de chez lui pour poursuivre ses idées. Il a travaillé pour un inventeur célèbre nommé Thomas Edison, mais leurs idées sur l'électricité étaient très différentes. Edison croyait au courant continu (CC), où l'électricité circule dans un seul sens, comme une rivière. Mais Tesla, lui, rêvait de courant alternatif (CA), où l'électricité danse d'avant en arrière, rapide et libre comme l'éclair.

Certains trouvaient Tesla trop imaginatif. Trop étrange. Trop rêveur. Mais devine quoi ? Ses idées marchaient. Il a construit des moteurs qui tournaient grâce au courant alternatif et il a illuminé des villes entières. Aujourd'hui, la plupart de l'électricité dans ta maison circule exactement comme Tesla l'avait imaginé. Elle zigzague dans les fils, apportant la lumière au monde.

Et Tesla rêvait en grand, très grand ! Il voulait offrir au monde de l'électricité gratuite, diffusée dans le ciel comme la musique à la radio. Il a même construit une tour pour envoyer l'énergie sans fil à travers l'océan. Sa tour n'a pas réussi (en partie parce qu'il a manqué d'argent), mais beaucoup de ses idées folles, comme la communication sans fil, les rayons X, le radar, et même les télécommandes, sont devenues réalité des années plus tard.

Nikola Tesla n'a jamais cessé d'imaginer. Il ne le faisait pas pour l'argent ni pour les trophées. Il le faisait parce qu'il croyait en un monde meilleur, alimenté par la science, la curiosité et l'émerveillement.

Il a dit un jour :

> *« Que l'avenir dise la vérité... Le présent leur appartient ; l'avenir, pour lequel j'ai vraiment travaillé, est à moi. »*

Alors, la prochaine fois que tu seras perdu dans un rêve éveillé, que tu gribouilleras un robot sur ton cahier ou que tu te demanderas de quoi sont faites les étoiles… continue ! Le monde a besoin de rêveurs. Comme Nikola Tesla.

Imagine avec audace. Rêve en grand. Et illumine le monde.

Chien-Shiung Wu : la scientifique qui n'a jamais abandonné

Dans un petit village de Chine, une petite fille est née, et un jour, elle allait changer la science pour toujours. Elle s'appelait Chien-Shiung Wu. Nous sommes en 1912, et à cette époque, on ne s'attendait pas vraiment à ce que les filles fassent de longues études. Mais les parents de Chien-Shiung étaient différents. Son père a même fondé une école juste pour les filles. Et devine qui faisait partie des toutes premières élèves ? Oui : la petite Wu, avec une étincelle de curiosité dans les yeux et la tête pleine de questions.

Illustration 31: Chien-Shiung Wu réalisant une expérience

Elle dévorait les livres. Elle résolvait des énigmes. Elle rêvait de choses invisibles comme les atomes et les particules, et se demandait comment elles bougeaient et tournaient. Quand elle est devenue jeune femme, elle était prête pour une grande aventure : elle a quitté sa famille et a traversé l'océan pour aller en Amérique étudier la physique.

Mais une fois arrivée, ce n'était pas aussi facile qu'elle l'avait espéré.

Même si Chien-Shiung Wu était brillante et travaillait plus dur que beaucoup de gens autour d'elle, on l'ignorait souvent. Parfois, elle ne recevait pas le mérite de ses découvertes. Parfois, des hommes étaient félicités pour des choses *qu'elle* avait faites. Et parfois, simplement parce qu'elle était une femme, on lui disait d'« attendre » ou de « réessayer plus tard ». De quoi décourager n'importe qui.

Mais Wu n'a pas abandonné.

Elle a rebondi grâce à la science !

Elle a rebondi grâce à ses idées !

Elle a rebondi grâce à des expériences si astucieuses qu'elles laissaient les autres scientifiques bouche bée !

L'une de ses expériences les plus célèbres concerne quelque chose qu'on appelle la désintégration bêta. La désintégration bêta, c'est quand certaines particules sont « expulsées » des atomes. Pendant longtemps, les scientifiques croyaient que si on imaginait une particule comme dans un miroir, elle se comporterait exactement de la même façon. Cette idée s'appelait la « parité ». Mais Wu s'est dit : « Et si l'Univers n'était pas si juste que ça ? »

Elle a donc mis au point une expérience super précise et super froide pour tester cette idée.

Et devine quoi ? Elle avait raison. L'Univers ne respectait pas sa "jolie symétrie" ! Sa découverte a montré que la nature, parfois, prend parti. Le monde de la physique en a été complètement bouleversé.

C'était l'une des plus grandes découvertes de la physique. Deux hommes ont reçu le prix Nobel pour la théorie. Mais Wu, qui avait prouvé la théorie avec ses mains, sa patience et son cœur, n'a pas eu le prix.

Et pourtant, elle a continué. Elle n'a pas crié. Elle n'a pas tapé du pied. Elle a continué à enseigner. À faire de la recherche. À briller.

Petit à petit, le monde a commencé à la remarquer. Elle est devenue la première femme présidente de l'American Physical Society. Elle a reçu des dizaines de récompenses. Des écoles et des rues ont été nommées en son honneur. On a commencé à l'appeler la « Première Dame de la Physique » et la « Reine de la recherche nucléaire ».

Mais plus que tous ces titres, Chien-Shiung Wu nous a montré ce que veut vraiment dire *résilience*. Elle nous a appris que lorsqu'on est bousculé par la vie, on peut se relever grâce à la gentillesse, au courage et à une curiosité absolument indomptable.

Alors, si un jour tu as envie de tout laisser tomber, pense à Chien-Shiung Wu. Elle n'a pas seulement marqué l'histoire. Elle a transformé l'art de rebondir en quelque chose qui ressemble à de la magie.

Rachel Carson : la scientifique qui parlait au nom de la Terre

Il était une fois, au rythme des marées, près des vagues qui s'écrasent sur le rivage, une petite fille nommée Rachel Carson. Elle est née en 1907 dans une petite ville de Pennsylvanie. Enfant, elle adorait explorer les bois, écouter le chant des oiseaux et rêver aux océans lointains. Alors que les autres enfants jouaient avec des jouets, Rachel, elle, lisait des livres sur les animaux, les étoiles et les sciences. Elle a même écrit sa première histoire à seulement dix ans !

Illustration 32: Rachel Carson lisant Silent Spring

En grandissant, l'amour de Rachel pour la nature ne fit que grandir lui aussi. Elle est devenue scientifique, mais pas une scientifique enfermée dans un labo avec des fioles qui bouillonnent. Rachel était une scientifique-écrivaine. Elle avait un don : expliquer la science avec des mots beaux et clairs. Ses livres ont aidé les gens à tomber amoureux de la nature, surtout de la mystérieuse mer bleu profond.

Mais un jour, Rachel a découvert quelque chose d'inquiétant. Les agriculteurs utilisaient de puissants produits chimiques, appelés pesticides, pour tuer les insectes. L'un de ces produits s'appelait le DDT. Au début, ça semblait génial : les cultures étaient protégées des ravageurs ! Mais Rachel a remarqué que les oiseaux disparaissaient. Les poissons mouraient. Et même les humains pouvaient tomber malades.

Elle a compris que ces produits chimiques ne restaient pas là où on les pulvérisait. Ils se répandaient dans l'eau, dans l'air, dans la nourriture. Rachel a ressenti quelque chose de très fort au fond d'elle : un sens des responsabilités.

« Quelqu'un doit dire la vérité, » pensa-t-elle. *« Quelqu'un doit protéger la Terre. »*

Alors, elle s'est mise au travail.

Elle a étudié chaque fait. Elle a revérifié chaque chiffre. Elle a fait en sorte que chaque phrase de son livre soit vraie et juste. Puis elle a écrit *Silent Spring* (*Printemps silencieux*), un livre qui allait changer le monde. Elle y avertissait les gens que, si nous n'étions pas prudents, le printemps pourrait revenir… sans chant d'oiseaux. Imagine un monde où les rouges-gorges ne chanteraient plus !

Certaines personnes ne voulaient pas l'écouter. De grandes entreprises ont essayé de la faire taire. Mais Rachel a tenu bon, comme un phare dans la tempête. Elle ne criait pas, elle n'accusait pas. Elle partageait simplement la vérité, calmement.

Parce qu'être responsable, ce n'est pas être le plus bruyant. C'est être soigneux. C'est être courageux. Et faire ce qui est juste, même quand c'est difficile.

Grâce à Rachel Carson, les gens ont commencé à faire attention. Des lois ont été créées pour protéger la nature. Les pesticides ont été testés plus sérieusement. Et des millions de personnes ont compris que la Terre a besoin de gardiens.

Rachel Carson n'a pas seulement aimé la nature, elle en a pris soin.
Elle a montré au monde entier que la science doit toujours aller avec le cœur.

Et elle nous a appris une dernière chose : même une seule voix, douce et discrète, peut résonner dans le monde entier si elle parle avec vérité et responsabilité.

Alexander Fleming : le héros de la surprise moisie

En Écosse, un bébé nommé Alexander Fleming est né dans une ferme. Il n'avait pas de microscope dans son berceau ni de petite blouse de labo pour les photos de bébé. Mais même enfant, il était curieux de savoir comment les choses fonctionnaient, surtout dans la nature. Il aimait observer les insectes, voir les plantes pousser et poser « Pourquoi ? » bien plus de fois que les adultes n'avaient de réponses !

En grandissant, Alexander a déménagé à Londres et est devenu médecin. Mais il n'était pas seulement un médecin qui voyait des patients, il était aussi scientifique. Il travaillait dans un laboratoire et étudiait les bactéries, ces minuscules êtres vivants qu'on ne peut voir qu'avec un microscope. Certaines bactéries sont utiles, mais d'autres peuvent rendre les gens vraiment très malades. Et à cette époque, quand quelqu'un attrapait une mauvaise infection, les médecins ne pouvaient pas faire grand-chose.

Illustration 33: Alexander Fleming découvrant la pénicilline

Fleming voulait changer ça.

Et c'est là que l'histoire devient excitante... et un peu *sale*.

Un jour chaud de 1928, Fleming quitte son laboratoire pour de courtes vacances. Il ne nettoie pas tous ses boîtes de Petri (ce sont de petits récipients plats que les scientifiques utilisent pour faire pousser des bactéries). Quand il revient, il remarque quelque chose d'étrange. L'une des boîtes est couverte de moisissure. Une petite tache duveteuse avait poussé en plein milieu !

La plupart des gens auraient dit : « Beurk ! » et l'auraient jetée à la poubelle.

Mais pas Alexander Fleming.

Il se penche sur la boîte. Il plisse les yeux derrière ses lunettes. Et il remarque quelque chose d'incroyable : tout autour de la moisissure, les bactéries avaient disparu ! La moisissure était en train de les tuer !

« Mais quel est donc ce merveilleux champignon ? » se demanda-t-il.

Fleming n'a pas dit : « Oh non, mon expérience est fichue ! » Il a plutôt pensé : « Il se passe quelque chose de nouveau ici. Je vais découvrir quoi ! »

Ça, c'est la *flexibilité* : la capacité de changer ses plans, de suivre la surprise… et d'apprendre quelque chose de nouveau.

Il a étudié la moisissure et a découvert qu'elle produisait une substance spéciale capable de combattre les bactéries. Il l'a appelée pénicilline. C'est devenu le tout premier antibiotique. Un antibiotique est un type de médicament qui combat les infections.

Au début, les gens n'ont pas vraiment compris à quel point cette découverte était énorme. Mais des années plus tard, pendant la Seconde Guerre mondiale, d'autres scientifiques ont réussi à fabriquer de grandes quantités de pénicilline… et elle a sauvé des millions de vies.

Grâce à la pensée flexible de Fleming, un accident moisi est devenu l'une des plus grandes découvertes de toute l'histoire de la médecine.

Alors, qu'est-ce qu'on peut apprendre d'Alexander Fleming ?

- N'aie pas peur des erreurs.
- Regarde de près ce qui est inattendu.
- Accepte de changer d'avis.
- Et reste toujours curieux.

Quand les scientifiques sont flexibles, les plus grandes découvertes peuvent naître des moments les plus… désordonnés.

Charles Darwin : l'explorateur qui n'avait pas peur de dire « Je ne sais pas »

Dans le vrai monde de la science, un bébé nommé Charles Darwin naît en 1809 à Shrewsbury, en Angleterre. Il ne grandit pas avec des super-pouvoirs ni une baguette magique. Mais il a quelque chose d'aussi puissant : la curiosité.

Enfant, Charles était un collectionneur. Plumes, insectes, scarabées, os... tout ce qui bougeait, brillait ou avait l'air mystérieux finissait dans ses poches. (Sa mère ne devait pas adorer le jour de la lessive !) Charles n'aimait pas toujours les devoirs, et ce n'était pas le genre d'élève qui lève la main avec toutes les réponses. Mais il adorait poser des questions. Et pas des petites questions, non : des *immenses*.

Illustration 34: Charles Darwin avec des pinsons

- Pourquoi y a-t-il autant d'espèces d'animaux ?
- D'où viennent-ils tous ?
- Pourquoi changent-ils ?

En grandissant, Charles a eu la chance de sa vie : faire le tour du monde sur un navire scientifique appelé le HMS *Beagle*. Il n'était pas le capitaine. Il n'était même pas officiellement le scientifique du bord (du moins au début !). Il était là pour observer la nature. Et ça, il l'a fait à merveille.

Des côtes de l'Amérique du Sud jusqu'aux lointaines îles Galápagos, Charles a vu des créatures de toutes les formes et de toutes les tailles. Il a remarqué quelque chose d'étrange : les pinsons d'une île n'étaient pas tout à fait les mêmes que ceux d'une autre. Certains avaient un long bec pointu pour attraper les insectes. D'autres avaient un bec court et solide pour casser des graines.

« Est-ce que tous ces oiseaux pourraient être des cousins ? » se demanda-t-il. « Est-ce qu'ils auraient changé avec le temps pour s'adapter à leur maison ? »

Cette question est devenue un mystère sur lequel Charles a travaillé pendant des années. De retour en Angleterre, il ne s'est pas précipité. Il n'a pas crié « Eurêka ! » pour écrire un livre le lendemain. Non, Charles était patient. Il élevait des pigeons. Il étudiait des fossiles. Il lisait des livres. Il faisait des croquis. Il marchait longtemps en réfléchissant profondément. Et parfois, il prononçait la phrase la plus courageuse qu'un scientifique puisse dire :

« Je ne suis pas encore sûr. »

Tu vois, Charles Darwin pensait qu'être un bon scientifique, c'est d'abord écouter la nature, pas juste parler d'elle. Il ne faisait pas semblant de tout savoir. En fait, il a attendu vingt ans avant de publier son livre le plus célèbre, *L'Origine des espèces*. Et même dans ce livre, il disait : « Il y a encore beaucoup de choses que nous ne comprenons pas. » Il était honnête. Prudent. Humble.

Et c'est ça qui l'a rendu grand. Parce que la science, ce n'est pas être la personne la plus brillante de la salle. C'est être assez courageux pour se demander : « Et si j'avais tort ? » et assez sage pour écouter quand le monde chuchote quelque chose de nouveau.

Alors, la prochaine fois que tu auras une grande question ou que tu te sentiras incertain, pense à Charles Darwin : le garçon avec des scarabées dans ses poches, l'explorateur au carnet rempli d'oiseaux, et le scientifique qui a changé le monde en disant : *« Je ne sais pas... encore. »*

Tycho Brahe : le mesureur d'étoiles extraordinaire

Dans le royaume glacé du Danemark, un bébé est né sous un ciel rempli d'étoiles scintillantes. Ce bébé allait grandir et devenir Tycho Brahe, l'homme qui mesurerait un jour les cieux comme personne ne l'avait jamais fait.

Tycho n'était pas un simple observateur d'étoiles. Il ne se contentait pas de dire : « Oh, celle-ci est jolie. » Oh non. Il voulait savoir exactement où se trouvait chaque étoile. À quelle hauteur ? À quel éclat ? À quelle distance de cette autre petite lumière là-bas ? Il était curieux. Mais plus encore, il était précis.

Tycho est né en 1546, des centaines d'années avant l'invention du télescope. Mais ça ne l'a pas arrêté ! Il a construit ses propres instruments : d'énormes appareils en métal qui ressemblaient à un mélange de compas, de règle géante et de portique de balançoire. Il a même construit une île-observatoire entière appelée Uraniborg, ce qui veut dire « Château des cieux ». Oui, tu as bien lu : il avait sa propre île juste pour étudier les étoiles !

Chaque nuit, Tycho s'enveloppait dans de chaudes robes de laine, sortait sous le ciel nocturne et commençait ses mesures. Il n'était pas pressé. Il n'était pas négligent. Si la Lune bougeait d'un tout petit chouïa, il le remarquait. Si une planète glissait d'un cheveu vers la gauche, Tycho le savait. Il notait tout soigneusement, encore et encore, vérifiant ses mesures deux, trois fois s'il le fallait ! Ses relevés étaient les plus précis du monde, et il les a poursuivis pendant des décennies.

Illustration 35: Tycho Brahe en train de mesurer les étoiles

En 1572, il a même remarqué quelque chose d'incroyable : une nouvelle étoile brillante dans le ciel ! Aujourd'hui, on sait que c'était une supernova (une étoile qui explose), mais à l'époque, les gens pensaient que les cieux ne changeaient jamais. Les mesures minutieuses de Tycho ont aidé à prouver que si, le ciel change.

Et Tycho n'était pas sérieux tout le temps. Il avait le goût du spectaculaire ! Il portait des vêtements très élégants, gardait un élan apprivoisé comme animal de compagnie, et portait un nez en métal après avoir perdu le sien dans un duel à l'épée... à propos d'un problème de maths. (Ça, par contre, n'est pas à imiter !)

Mais sous les costumes, l'élan et le nez en métal, Tycho restait un scientifique qui croyait que la vérité se cache dans les détails. Sa précision a ouvert la voie à Johannes Kepler, son assistant, qui a pu découvrir que les planètes ne se déplacent pas en cercles parfaits, mais sur des ellipses, des orbites en forme d'ovale. Sans les cartes du ciel de Tycho, si précises, on serait peut-être encore en train de deviner aujourd'hui.

Alors, la prochaine fois que tu regarderas les étoiles en te demandant ce qu'il y a là-haut, pense à Tycho Brahe, l'homme qui a levé les yeux vers le ciel et a dit :

« Et si on mesurait tout ça ? »

Et ensuite… il l'a fait. Avec une *précision extraordinaire*.

Dmitri Mendeleïev : maître de l'ordre dans un monde chimique chaotique

Dmitri Mendeleïev est né en 1834 dans une ville glaciale de Sibérie, en Russie. Il était le plus jeune d'une très grande famille. Certains disent qu'il avait jusqu'à 17 frères et sœurs ! Avec autant de chaussures, de livres et de bols dans la maison, pas étonnant que Dmitri ait vite appris à rester organisé !

Tout jeune, Dmitri adorait apprendre, surtout les sciences. Mais la vie n'était pas toujours facile. Son père est devenu aveugle, puis est décédé. Sa mère a alors travaillé très dur pour que Dmitri puisse faire des études. Elle l'a même emmené dans un long voyage à travers la Russie pour l'inscrire dans la meilleure école possible.

Dmitri a étudié la chimie, et il a vite remarqué quelque chose de bizarre : le monde des

Illustration 36: Dmitri Mendeleïev et le tableau périodique

éléments chimiques était un vrai bazar. Les scientifiques avaient déjà découvert plus de soixante éléments, mais personne ne comprenait vraiment comment ils étaient liés entre eux. Il n'y avait aucun système, juste une liste de noms et de nombres, mélangés comme un tiroir plein de briques de LEGO en vrac.

Mais Dmitri avait un superpouvoir : l'organisation. Là où les autres voyaient du désordre, lui voyait des motifs. Il s'est donc mis au travail.

Il a écrit chaque élément connu sur une carte, un élément par carte. Sur chaque carte, il notait le nom de l'élément, sa masse et ses propriétés. Puis il a étalé toutes ces cartes sur une grande table, comme s'il jouait à un immense jeu de Memory... version chimie.

Il a commencé par les classer par masse atomique, du plus léger au plus lourd. Mais ce n'était pas suffisant. Certains éléments se comportaient de façon similaire, et Dmitri s'est dit : « Hmm... peut-être qu'ils devraient être rangés ensemble ! »

Alors il a trié. Reclassé. Observé. Gribouillé. (Il a probablement bu beaucoup de thé aussi.)

Finalement, un motif est apparu. Certains éléments répétaient leurs comportements de manière régulière. C'était comme une chanson avec un rythme qui revient encore et encore. Dmitri venait de découvrir la loi périodique, le rythme secret des éléments.

Avec un grand sourire (et sans doute un énorme bâillement), Dmitri a créé le tableau périodique des éléments. Chaque élément y avait sa place. Il a même laissé des cases vides là où aucun élément connu ne convenait. Mais il était sûr qu'ils existaient.

Les gens ont cru qu'il exagérait un peu. « Tu ne peux pas laisser des trous dans ton tableau ! » disaient-ils. Mais Dmitri se contentait de sourire et de répondre : « Attendez un peu. »

Quelques années plus tard, des scientifiques ont découvert exactement les éléments qu'il avait prédits : le gallium, le scandium et le germanium. Et, comme par magie, ils se sont insérés parfaitement dans son tableau, comme des pièces de puzzle qu'il avait "vues" avant même qu'on les fabrique !

Grâce à ses notes soigneuses, à son tableau bien rangé et à son amour de l'ordre, Dmitri a aidé les scientifiques à comprendre les briques de base de tout ce qui existe, de l'air à l'eau, du beurre de cacahuète jusqu'aux planètes.

Grâce à Mendeleïev, la chimie a cessé d'être un désordre incompréhensible pour devenir une histoire qui se tient.

Faits amusants sur Dmitri Mendeleïev :
- Il faisait ses valises avec une telle organisation qu'il pouvait voyager des semaines avec une seule malle !
- Il portait une longue barbe un peu sauvage… mais ses cahiers, eux, étaient toujours propres et bien ordonnés.
- Il a même aidé à créer un nouveau système de poids et mesures en Russie, parce que pour lui, organiser les choses, ce n'était pas juste un passe-temps, c'était son superpouvoir.

Morale de l'histoire ? Si ton sac est bien rangé, ton tiroir à chaussettes trié, et tes cartes ou stickers classés juste comme il faut, tu penses déjà comme Dmitri. Qui aurait cru que l'organisation pouvait changer le monde ?

Sophie Germain : la femme qui a demandé « Pourquoi ? » encore et encore

Au cœur de Paris, à une époque de révolution et de grands changements, une jeune fille nommée Sophie Germain découvrit quelque chose de plus puissant que les feux d'artifice et les drapeaux : un livre sur les nombres. Elle n'avait que treize ans quand elle lut l'histoire d'Archimède, l'Ancien Grec tellement plongé dans ses pensées qu'il n'a même pas remarqué une armée qui envahissait sa ville. Sophie fut fascinée.

Illustration 37: Sophie Germain posant la question « Pourquoi ? »

« Si les maths peuvent faire oublier tout ce qui se passe autour de soi, pensa Sophie, alors je veux savoir ce qui les rend si merveilleuses. »

Mais il y avait un problème. On était à la fin des années 1700, et à cette époque, on disait que les filles n'étaient *pas* faites pour étudier les mathématiques. Elles devaient tricoter, cuisiner et écrire de la poésie, pas réfléchir aux secrets de l'univers. Mais Sophie ? Sophie écrivait bien, oui, mais elle écrivait... en équations.

La nuit, quand la maison était silencieuse et que sa famille la croyait endormie, Sophie se glissait hors de son lit, allumait une bougie et faisait des maths sous sa couverture. Ses parents l'ont surprise une fois et lui ont pris ses bougies, pensant qu'elle arrêterait. Mais Sophie n'a pas arrêté. Elle a simplement trouvé d'autres bougies.

En grandissant, Sophie voulait en apprendre encore plus. Mais la grande école de Paris, l'École Polytechnique, n'acceptait pas les femmes. Alors Sophie eut une idée brillante : elle emprunta le nom d'un ancien élève, Monsieur LeBlanc, et se mit à envoyer des devoirs par courrier !

Les professeurs étaient émerveillés par ce mystérieux "Monsieur LeBlanc". Un jour, elle écrivit même au célèbre mathématicien Carl Friedrich Gauss. Il fut tellement impressionné par ses idées qu'il lui répondit en louant sa façon de penser et sa compréhension profonde des maths. Il n'avait aucune idée que Sophie était une femme, jusqu'à ce qu'un homme bienveillant le lui révèle pendant une période de guerre. Gauss fut surpris et enchanté. Il déclara qu'il y avait peu d'hommes capables d'égaler un talent comme le sien.

Mais Sophie ne faisait pas des maths pour les applaudissements. Elle travaillait parce qu'elle avait des questions. Elle étudiait la théorie des nombres et se demandait pourquoi certains nombres "dansent ensemble" alors que d'autres restent tout seuls. Puis elle s'est mise à poser un nouveau genre de « pourquoi » :

Pourquoi des plaques de métal vibrent-elles en de si jolis motifs lorsqu'on les frappe ?

Cette "musique de métal" n'était pas seulement intéressante, c'était un vrai mystère. Les scientifiques s'arrachaient les cheveux dessus depuis des années. Sophie a travaillé plus de dix ans sur ce problème. Elle a continué même quand d'autres avaient abandonné, et elle a fini par trouver une réponse tellement importante qu'elle a aidé à construire la science de l'élasticité. L'élasticité, c'est la façon dont les choses se plient, se tordent et vibrent.

Quand elle participa à un concours pour résoudre ce problème, elle ne gagna pas la première fois. Mais est-ce que ça l'a arrêtée ? Bien sûr que non ! Elle a corrigé son travail, l'a amélioré… et a réessayé. La fois suivante, elle a gagné.

Sophie Germain n'a jamais cessé de demander « pourquoi ». Ni quand ses parents lui disaient d'arrêter. Ni quand la société lui disait non. Ni quand les problèmes devenaient très difficiles.

Son esprit curieux l'a menée bien plus loin que ce que tout le monde imaginait, et aujourd'hui encore, les mathématiciens du monde entier étudient ses travaux et admirent son courage.

Alors, si un jour tu te demandes pourquoi le ciel est bleu, pourquoi les nombres se comportent bizarrement ou pourquoi une corde de guitare vibre comme elle le fait, souviens-toi : Tu suis les traces de Sophie Germain, la femme qui a demandé « *Pourquoi ?* » encore et encore…et qui a changé le monde avec ses questions.

Paul Erdős : l'homme qui aimait les nombres plus que le sommeil

La plupart des gens portent un sac à dos pour aller à l'école. Paul Erdős, lui, portait surtout… un cerveau rempli de maths, et pas grand-chose d'autre. Il est né en Hongrie en 1913, et à quatre ans à peine, il faisait déjà des calculs qui donnaient mal à la tête aux adultes. Si tu lui donnais ta date de naissance, il pouvait te dire en un éclair combien de secondes tu avais vécu ! Pas besoin de calculatrice quand on a un cerveau branché sur les maths.

Mais Erdős ne s'est pas arrêté là. En grandissant, il est devenu encore plus fasciné par les nombres, surtout les nombres premiers (ceux qui ne se divisent que par 1 et par eux-mêmes, comme 2, 3, 5 ou 7). Pour lui, les nombres premiers étaient comme de petites îles perdues dans l'océan des nombres, et il voulait découvrir tous leurs secrets.

Illustration 38: Paul Erdős arrivant sur le pas d'une porte

Voici la partie amusante : Paul Erdős ne s'est pas installé comme tout le monde. Il n'a pas acheté de maison ni de voiture. Il ne s'est pas marié et n'a pas eu d'enfants. À la place, il est devenu un nomade des mathématiques ! Il voyageait partout dans le monde avec une seule valise, rendait visite à d'autres mathématiciens et frappait à leurs portes en disant : « Mon cerveau est en marche. »

C'était le code Erdős pour dire : « J'ai le cerveau en marche, faisons des maths ensemble ! »

Il était un peu comme un super-héros des maths, débarquant pour aider à résoudre les casse-têtes les plus difficiles. Il a écrit plus de 1 500 articles, plus que presque n'importe qui dans l'histoire des maths, et a travaillé avec plus de 500 personnes ! Si tu écrivais un article avec Erdős, tu gagnais ce qu'on appelle un "nombre d'Erdős". Si tu travaillais avec quelqu'un qui avait déjà travaillé avec lui, ton nombre d'Erdős était 2. Si cette personne avait travaillé avec quelqu'un d'autre, ton nombre pouvait être 3, et ainsi de suite. Plus ton nombre d'Erdős était petit, plus tu étais proche de sa magie mathématique !

Il avait aussi inventé son propre petit langage rigolo. Il appelait les enfants des « epsilon », d'après la lettre grecque ε, qui représente en maths une très petite quantité.

Erdős croyait qu'au ciel existait un livre parfait, *Le Livre*, où seraient écrites toutes les plus belles démonstrations de mathématiques. Chaque fois qu'il trouvait une solution vraiment élégante, il imaginait qu'elle venait directement de ce Livre-là.

Il ne se souciait pas beaucoup de l'argent. Il en donnait une grande partie à des étudiants, à des concours de maths ou à des amis qui avaient besoin d'aide. Il dormait dans les chambres d'amis, sur des canapés, et vivait avec sa valise jusqu'à la fin de sa vie, en voyageant, réfléchissant, résolvant, et partageant.

Quand Erdős est mort en 1996, il travaillait encore sur des problèmes de maths.

Son histoire nous rappelle que les maths, ce ne sont pas "juste des nombres". Ce sont aussi de *la joie*, *de l'amitié*, de *la curiosité* et *du jeu*. Paul Erdős ne se contentait pas de faire des maths, il les aimait de tout son cœur.

Alors, la prochaine fois que tu résous un casse-tête difficile, que tu te demandes ce qui vient ensuite dans une suite de nombres, ou que tu trouves qu'un nombre a quelque chose de spécial, imagine Erdős tapotant ton épaule et chuchotant :

« *Mon cerveau est en marche.* »

Leonhard Euler : magicien des maths

« Euler » se prononce « Oiler ». Oui, vraiment !

Remontons quelques centaines d'années en arrière, dans une petite ville de Suisse, où un jeune garçon nommé Leonhard Euler était occupé à faire quelque chose que la plupart des enfants n'imaginaient même pas : il faisait des maths… pour s'amuser.

Pendant que les autres jouaient aux billes ou inventaient des jeux, Leonhard, lui, jouait avec les nombres, les formes et les symboles. Il adorait se demander : « *Et si… ?* » »

- Et si on reliait tous les coins d'une forme avec des segments ?
- Et si les nombres pouvaient voler dans l'espace comme des flèches ?

- Et si on essayait de traverser tous les ponts d'une ville une seule fois, sans jamais repasser sur le même ?

Chaque question était une énigme, et Euler était un vrai maître des casse-têtes !

En grandissant, son amour pour les maths ne s'est pas éteint. Au contraire, il a explosé ! Il a résolu des problèmes que personne n'arrivait à comprendre. Il a inventé de nouvelles façons de faire des maths qui sont encore utilisées tous les jours, partout dans le monde.

Illustration 39: Leonhard Euler en train de réfléchir aux maths

Voici quelques-unes de ses super-capacités mathématiques :

- **Le nombre e** : c'est un peu la sauce secrète des maths. Euler a aidé à montrer pourquoi il est si important, et il porte même son nom !
- **La formule d'Euler** : un pont presque magique qui relie lignes, courbes, angles et même cercles. Certains disent que c'est la plus belle équation du monde.
- **La théorie des graphes** : il s'est demandé : « Comment traverser les sept ponts d'une ville sans passer deux fois sur le même ? » Cette idée a lancé tout un nouveau domaine des maths qu'on appelle la topologie !
- **π (Pi)** : eh oui ! Il a trouvé des méthodes astucieuses pour calculer π avec énormément de décimales.

Quand Euler avait environ 59 ans, quelque chose de triste est arrivé : il est devenu complètement aveugle. Mais est-ce qu'il a arrêté de faire des maths ? Pas du tout !

Il a simplement tout imaginé dans sa tête. Il pouvait voir des équations géantes tourbillonner dans l'espace, imaginer des formes qui dansent et résoudre des problèmes très compliqués sans jamais les écrire. Son talent pour les maths était tellement fort qu'il n'avait plus besoin ni de papier... ni de ses yeux. Il vivait dans son cœur et dans son esprit.

Le secret d'Euler, ce n'était pas la magie : c'était l'entraînement, la persévérance et le plaisir de jouer avec les idées. Il aimait réfléchir intensément. Il adorait comprendre le monde avec des nombres.

Alors, si tu :
- aimes résoudre des énigmes,
- poses de grandes questions du genre « Et si... ? »,
- aimes bidouiller, essayer, et essayer encore,

alors toi aussi, tu penses comme Leonhard Euler, un véritable maître de la magie mathématique !

James Clerk Maxwell : le maître des motifs cachés

Dans un coin tranquille de l'Écosse, où les collines ondulent comme des vagues et où les moutons parsèment les prés comme des guimauves, un garçon nommé James grandit en posant des questions. Des questions profondes. Pas seulement « Pourquoi le ciel est bleu ? », mais aussi « De quoi est faite la lumière ? » et « Est-ce que les choses invisibles obéissent aussi à des règles ? »

Illustration 40: James Clerk Maxwell expérimentant avec la lumière

James n'était ni bruyant ni tape-à-l'œil. Il était doux, réfléchi et incroyablement curieux, d'une curiosité qui ne s'éteignait jamais. Si tu lui donnais une énigme, il la tournait dans tous les sens, la retournait, la mettait sens dessus dessous, et inventait même de nouvelles énigmes juste pour mieux comprendre.

Pendant que les autres enfants couraient dans les bois, James s'arrêtait pour regarder comment un rayon de lumière rebondissait sur une vitre ou comment des limailles de fer « dansaient » autour d'un aimant. Il ne voulait pas seulement savoir *ce qui* se passait, mais *comment* cela fonctionnait exactement.

Ça, on appelle ça la *maîtrise technique* : quand quelqu'un devient tellement bon dans un domaine qu'il voit les plus petits détails et peut les utiliser pour construire quelque chose de puissant. Et James Clerk Maxwell était un maître comme nul autre.

James étudiait les mathématiques comme un artiste étudie les coups de pinceau. Là où les peintres mélangent les couleurs, Maxwell mélangeait les nombres et les formes. Il croyait que les maths pouvaient décrire *tout*, même les choses qu'on ne peut pas voir. Et il avait raison.

L'un de ses plus grands exploits, ce sont les équations de Maxwell. Le nom fait un peu sérieux, mais ce sont en réalité comme une carte qui montre comment la lumière, l'électricité et le magnétisme sont tous reliés. Personne n'avait jamais réussi à montrer ça avant lui.

C'est comme si Maxwell avait tiré le rideau de l'univers pour dire :
« Regardez ! Ces forces tourbillonnantes obéissent à de magnifiques règles. Et les voilà, écrites en quatre petites équations. »

Tu aimes allumer une lampe de poche ? Regarder des vidéos sur ta tablette ? Entendre le tonnerre après l'éclair ? Tout ça, ce sont des ondes électromagnétiques, exactement ce que Maxwell a décrit il y a plus de 150 ans.

En fait, chaque fois que tu appuies sur un interrupteur, que tu envoies un message ou que tu te connectes au Wi-Fi, un petit peu du génie de Maxwell travaille en coulisses.

Même Albert Einstein, l'un des scientifiques les plus célèbres de l'histoire, a dit que tout ce qu'il avait fait reposait sur les « épaules » de James Clerk Maxwell. Il gardait la photo de Maxwell sur son mur, non pas parce qu'il était célèbre, mais parce qu'il était brillamment discret.

James n'a pas construit de fusées. Il n'a pas gagné une montagne de médailles. Il a simplement étudié l'univers avec tellement de soin, de précision et d'attention qu'il a révélé des secrets que personne n'avait vus avant lui.

Alors, si tu aimes résoudre des énigmes, repérer des motifs ou tracer des schémas pour mieux comprendre le monde, tu ressembles un peu à James Clerk Maxwell. Parce que parfois, être un maître, ce n'est pas faire mille choses différentes. C'est atteindre une vraie *maîtrise technique* : faire *une* chose remarquablement bien… et changer le monde grâce à ça.